本书是成都师范学院 2021 年"教育扶贫绩效评……ZZBS06）的研究成果。

农村教育支持绩效评估研究

赵 懋◎著

北京工业大学出版社

图书在版编目（CIP）数据

农村教育支持绩效评估研究 / 赵懋著. — 北京：北京工业大学出版社，2022.12
　　ISBN 978-7-5639-8384-1

Ⅰ．①农… Ⅱ．①赵… Ⅲ．①乡村教育—教育经费—财政支出—经济评价—研究—中国 Ⅳ．① G522.3

中国国家版本馆 CIP 数据核字（2023）第 032941 号

农村教育支持绩效评估研究
NONGCUN JIAOYU ZHICHI JIXIAO PINGGU YANJIU

著　　者：	赵　　懋
责任编辑：	邓梅菡
封面设计：	知更壹点
出版发行：	北京工业大学出版社
	（北京市朝阳区平乐园 100 号　邮编：100124）
	010-67391722（传真）　bgdcbs@sina.com
经销单位：	全国各地新华书店
承印单位：	北京银宝丰印刷设计有限公司
开　　本：	710 毫米 ×1000 毫米　1/16
印　　张：	8.75
字　　数：	175 千字
版　　次：	2024 年 1 月第 1 版
印　　次：	2024 年 1 月第 1 次印刷
标准书号：	ISBN 978-7-5639-8384-1
定　　价：	72.00 元

版权所有　翻印必究

（如发现印装质量问题，请寄本社发行部调换 010-67391106）

作者简介

赵懋，女，1983年生，山西太原人，马来西亚国立大学高等教育管理在读博士研究生，成都师范学院招标采购中心副研究员。主要从事高等教育经济与管理、高校财务管理、民族教育研究，参与编写"十二五"规划教材1部，主持或参与厅级及校级培育课题研究3项，获得教育部中国智慧教育督导"十三五"规划科研重点课题教研成果一等奖。

前　言

随着我国近几年来经济的快速发展和财政性教育经费占我国国内生产总值比例的持续增长，教育总投入也持续、快速递增。农村教育问题一直是我国社会经济发展过程中亟待解决的重要问题。而教育是公共服务，教育经费投入以公共财政为主，政府既要提供教育公共服务，也要确保用好每一分钱。《国家中长期教育改革和发展规划纲要（2010—2020年）》提出，在高等教育方面要"改进管理模式，引入竞争机制，实行绩效评估，进行动态管理"，在建设现代学校制度方面要"完善学校目标管理和绩效管理制度"，在保障经费投入方面要"建立经费使用绩效评估制度"，这是我国改革开放以来在纲领性文件中首次提出教育绩效的概念。

毋庸置疑，农村教育支持是对农村地区的人口提供教育投入和教育服务，使农村偏远地区人口掌握专业知识和技能，促进当地人口发家致富的一种教育支持方式。通过提高当地人口的科学文化素质来发展经济和文化，最终帮助农村人口摆脱文化知识匮乏的局面。2011年2月，上海高校党政负责干部会议上明确提出：分类管理是学校和政府重要关注点和主要着力点，也是重要核心的改革内容，当务之急是探索建立完善的教育分类评估标准和绩效评估方法。实现教育支持的重要手段是教育定点帮扶。教育支持的基础地位决定了脱贫先助其增智，教育支持的主导作用决定了脱贫必须先治愚，教育支持的基本作用决定了脱贫攻坚的坚实基础。

2020年是中国脱贫攻坚的收官之年。在8年的脱贫攻坚战中，教育部直属高校以实干的精神为新时代定点帮扶工作做出了应有的贡献。教育支持作为中国脱贫战略的重要出发点，被认为是"消除贫困、稳定脱贫的关键"，也是巩固脱贫攻坚成果的根本手段和重要途径。因此，通过分析相关研究成果，了解我国教育资助的现状，明确其进展和方向，对促进我国教育事业的有效发展具有重要意义。

本研究认识到教育支持作为巩固和拓展脱贫攻坚成果的重要途径，在教育定向支持工作中发挥着不可替代的重要作用。通过对教育支持政策执行的有效性和绩效评估机制进行分析，发现当前教育支持存在的不足：方法针对性欠缺，评估机制不完善，教育支持力度以及参与主体不足。要充分发挥教育在农村教育中的基础性和先导性作用，通过构建教育支持绩效评估体系，确保教育定向支持方式。完善教育支持动态监督评估体系，实现教育支持的时效性和成效性，建立多方合作的教育目标模式，提升农村人口的文化水平，促进当地经济的发展。基于此分析，我国现有的教育支持成果可以更好地明确未来的改进方向，为后续的理论研究和相关政策的制定与实施提供参考。

本研究是一项世界难题，在我国也是一个热点命题，需要教育学、管理学、数学、信息科学、经济学等多学科知识的支撑，该问题也需要长期持久的关注。笔者在研究过程中参考了诸多专家学者的研究成果，在此表示诚挚的感谢。由于缺乏更多有效的借鉴与经验，且水平有限，研究中的不妥和纰漏之处在所难免，敬请读者批评指正。

目 录

第一章 概 论 ·· 1
    第一节 教育的公共产品属性 ·· 1
    第二节 公共部门绩效评估 ·· 4
    第三节 政策执行理论 ··· 12
    第四节 财政支出绩效评价理论 ·· 17

第二章 国内外教育绩效评估的实践与启示 ····································· 26
    第一节 国外开展教育绩效评估的背景 ······································ 26
    第二节 欧洲国家开展教育绩效评估的实践 ······························· 32
    第三节 亚太地区国家开展教育绩效评估的实践 ························ 40
    第四节 国内开展教育绩效评估的实践：以重庆市为例 ··············· 48
    第五节 国内外教育绩效评估实践案例的启示 ···························· 50

第三章 教育支持工作绩效评估方法 ·· 69
    第一节 数据包络分析法 ·· 69
    第二节 层级分析法的应用 ··· 75

第四章 我国农村教育支持绩效评估指标体系构建 ··························· 81
    第一节 我国农村教育支持评估指标体系构建依据 ···················· 81
    第二节 构建农村教育支持绩效评估指标体系 ···························· 87

第五章　农村教育支持绩效评估体系的实践 ············ 101
　　第一节　层次分析法的实证分析 ···················· 101
　　第二节　基于数据包络分析法的案例 ················ 108

第六章　我国农村教育支持工作存在的问题及政策建议 ···· 111
　　第一节　我国农村教育支持工作取得的成效和存在的问题 ···· 111
　　第二节　我国农村教育支持工作的相关热点与路径选择创新 ···· 115

参考文献 ·· 126

后　　记 ·· 130

第一章 概 论

"绩效管理"一词诞生于企业。20世纪80年代以来,以英、美为首的西方国家兴起了一场旨在重塑政府的新公共管理运动,新的政府管理制度将由绩效管理所替代。与此同时,一部分发达国家在教育管理领域采用了绩效管理模式,这使绩效评估成为政府分配教育经费、制定教育政策以及高效管理学校的重要手段。而教育定向支持绩效评估是一个集教育、管理、财政、绩效等多个领域于一体的综合性理论问题,其中教育定向支持评估是教育评估工作的目标,政策执行理论是教育支持绩效评估的重要政策依据,财政绩效评价理论是指引教育公共财政支出绩效评估的方法论。

第一节 教育的公共产品属性

本节旨在从相关理论和教育目的性的角度出发,阐述教育的产品属性为"公共""私人"或"混合"产品的原因。在此讨论的内容不一定是创新理论知识,而是通过分析理论知识对教育的实用属性进行阐述。虽然本质上是对教育产品属性基本概念的重新审视,而不是采用实证方法进行的应用研究,但是,在解决教育的关键问题时,理论基础显得尤为重要,并可通过理论知识创新教育的"替代"方式,即竞争的或是互补的方式解决相关的教育问题。

一、关于教育的古典理论与新古典理论

教育通常被认为是一些经济学家提出的公益论据,但这种观点或多或少是相互矛盾的。新古典公共产品理论是根据公共产品或私人产品的内在特征提出的,并以涉及产品性质的参考文献为基础的理论。英国经济学家亚当·斯密(Adam Smith)的公共产品古典理论揭示了关于公共产品和教育的看法:"一是,价值的源泉是劳动。一国国民的劳动时间是交换商品的价值尺度。二是,尽管国家不会从下层人民的教育中获得任何好处,从劳动价值论的角度来看,下层人民也应

接受一定的教育，这是因为通过劳动要素迂回可增加国民财富。"同时，包括教育在内的许多商品既能产生个人利益，又可产生外部性，这一事实拓宽了在教育性质界定上的视野。可见，优质的教育可视为具有公共财产和私有财产特征的混合产品，这是教育过程中得以释放的收益结果。

从经济学的角度来看，高等教育属于一种当前消费的混合体产品。从高等教育自身的目的来看，可被看作一项消费事业，这也是一种消费资本的形成。但从人力资本发展的标准来看，高等教育具有选择最优替代消费和生产资本形成的批判意义，它不仅提供了具有竞争性的服务能力，同时人还获得了比没有接受教育情况下更高的收入。

从高等教育与社会文化的发展来看，高等教育具有四个功能：发展科学研究、培养高技能劳动力、社会服务和文化传承创新。基于这些功能，高等教育具备一定的公益性，因为学生在大学学习期间获得的知识量不会减少其他学生可获得的知识量。然而，高等教育也呈现出民办商品的一些特征。例如，在很多发达国家，某些人无法获得优质的高等教育，这是因为民办学校的学费非常高昂，或者因为教师分配给第二个或第三个学生的时间减少，故部分学生被排除在这种商品的消费之外。这无疑证实了对纯公共产品而言，随着消费者人数的增加会产生一定的拥挤性，从而会减少每位消费者从中获得效益的公共产品。同时，这意味着纯公共产品性质会发生转变，部分消费者也会被排除在这种商品消费之外。

从社会投资的角度来看，高等教育主要从事科学研究活动、技术创新以及一系列外部性活动，这些活动带来的好处有健康状况的改善、社会福利的增加、社区融合度和社会凝聚力的有效提高。同时，高等教育投资活动的主要效应表现为积极的外部性，主要体现为在知识经济转型的背景下，加强社会经济发展的人才基础和知识基础。政府对高等教育融资的干预似乎不是为了实现积极的外部性，而是为了调控教育信贷市场的失灵现象。从个人利益方面来看，高等教育的作用在于培养学识渊博和崇高品德的高端人才，并保证人才可以充分实现自身价值与社会价值相统一，同时借助科学研究、技术创新以及社会文化建设的成果向高等教育受教者传播新知识。

二、教育作为公共产品的特征

根据公共产品理论，如果教育满足两个条件，即在消费过程中产品属于非竞争性和非排斥性的产品，则教育可以被定义为公共产品。就非竞争性而言，一些人消费某种商品并不会降低这一产品的销售数量（或受益人），即增加消费者后的边际成本为零。举例来说，一名学生在大学学习期间积累的知识不会减少其他学生可获得的知识量。另外，在某种程度上，教育在消费中是一种竞争性商品，因为这种商品的消费可能会产生额外的成本。可见，高等教育存在利用价格排斥消费者的可能性。任何学生都可以通过科学研究的成果创造大额资金，但在这种情况下，对另一方的使用可能会因为以下情况受限：一是财务因素，二是版权保护，三是因为私营部门资助的研究合同，需要承担相应保密条款。从培养高技能劳动力的功能来权衡，高等教育在一定程度上具有非竞争性的特征。关于排斥，自古以来，在奴隶儿童无法进入教育系统的社会中，或者将贵族资助教育视为私人资源奢侈品的社会中，教育一直存在排斥效应。从入学的角度来看，无论是初等教育还是中等教育，个人入学的机会是平等的，除非教育提供者所提供的教育服务费用高昂到个人无法支付。在这种情况下，优质的高等教育只可能在一定程度上具有非排他性的特征，这意味着优质教育只会提供给个别少数的消费者，导致的结果就是减少消费者的利益或增加生产者的成本。因此，纯公共产品的范畴极有可能不包括优质教育，这是因为该种教育产品未满足公共产品的两个基本特征。然而，教育可以包括在混合型商品类别中，更确切地说，是包括在"能力有限的公共商品"类别中。

三、混合型教育的特征

从混合商品的角度来看，在某些情况下，会出现以非排斥和非竞争或排斥和竞争为特征的商品，教育可能呈现出竞争和排斥的特征。根据商品分类，混合商品具有纯公共商品和私人商品的特征。因此，对于以非排他性和竞争性为特征的商品或者以非竞争性和排他性为特征的商品，作为个人消费者和整个社会的受益者可通过市场、国家公共预算和地方公共预算分配享受到为其制定的价格；资金支付与财产使用之间存在着一定的联系；投标人之间存在着一定的竞争关系；同时，由私营公司或公共部门提供的产品具有上述混合商品的特征，其消费也会受到一定的影响。从消费的角度来看，教育属于集体性消费商品，必定会受到拥挤的影响。因此，在某些情况下，虽然部分学生可获得的知识量不会减少，但由于学生数量的增加可能会导致系统堵塞，从而导致成本增加，以此来确保学生能保持相同的学习水平和表现。当高等教育的需求超过市场上现有的供给时，就可以观察到该种商品的竞争性。从一定程度上来说，价格排除是一种比较好的调控手段，优质的教育可以被视为一种具有非排斥特征的商品，这是因为教育所释放的大部分利益不是个性化的，而是被整个社会所认同的。

因此，教育事业被视为最大的公共产品，其自身具有的非排斥性和非竞争性属性彻底被激活。虽然完成高等教育项目可为个人带来一定的私人利益，即获得更高的收入和提高个人的文化素养，但从更加宏观的角度来说，整个社会受益于国家预算体系中最高层级的资源，这些资源可用于资助公共事业产品和服务。

第二节 公共部门绩效评估

一、公共部门绩效评估的目标

绩效目标也称为绩效标准。政府绩效评估就是对政府管理活动的绩效进行评价和划分等级，区分和明确各个不同绩效等级上的具体绩效要求，也就是绩效目标。除了对不同的绩效等级规定明确、具体的绩效要求之外，绩效目标还规定了明确、严格的产出和结果评估措施，每一个绩效等级需要达到什么样的绩效要求都是事先给定的。绩效评估过程就是根据绩效目标对实际的管理和服务结果划分等级的过程。因此，政府绩效评估的程序开始于管理结果与绩效目标之间的比较。如果没有明确的绩效目标，政府绩效评估就失去了方向，也不可能开展；反之，如果绩效目标明确，开展绩效评估就会比较容易。

绩效目标不是政府部门制定的对于自身规则的体现，而是源于国家立法，反映和体现社会公众的利益与意志。绩效评估正是通过国家立法或国家行政立法对绩效目标的规定，把政府公共管理活动对法律负责、对行为结果负责、对社会公众负责统一起来。法律和行政法规规定了绩效目标，减少了对政府公共部门及其所属人员如何达到目标的规定与束缚，并使其有了充分的自主性。这体现了放松规制的政府改革要求。政府公共部门通过管理活动达到绩效目标的过程既是依法行政和依法管理的过程，也是使公共行政活动反映和体现社会公众利益与意志的过程。社会公众的利益与意志通过国家法律和行政规范的政府绩效目标体现出来。对绩效负责、对结果负责，也就是对法律负责、对社会公众负责。

绩效目标包括量和质两个方面。"量"表明的是政府管理效率的高低，可以表示为：①效率比例。包括投入与产出的比例、单位时间内提供公共服务的数量比例、单位物质投入内提供公共服务的数量比例、无形损耗与一定公共服务之间的数量比例以及这种比例发展的趋向。②频率大小和行政活动节奏的快慢。包括公共服务提供之间的时间间隔、社会公众提出要求与政府公共部门做出反应之间的时间间隔，以及这种频率变化的情况和趋向。③环节多少。包括政府部门从开始进行某项活动到这项活动全部结束之间的距离远近、步骤多少和所经过部门的多少。

"质"表明的是政府公共部门提供公共产品和公共服务的态度、所使用的方法与手段、管理能力以及社会公众满意程度。美国学者哈里·哈特利（Harry Hatry）认为，政府公共部门绩效的"质量"包含服务质量和结果两个方面。"质量"是指公共服务是如何提供的，如提供公共服务是否及时与准确、是否让公众感到方便以及提供服务时的态度等；"结果"是公共服务供给之后所产生的社会效果，如政府公共部门供给公共服务之后，社会、环境和公众的需要等是否得到了发展与改进、发展与改进的程度以及社会公众满意的程度等。

评估政府绩效不存在一个统一的适用于各级政府和各个政府部门的目标或标准。政府绩效评估的目标体系应包括两方面：一是由各个不同绩效等级的绩效目标所组成的一级政府或一个政府部门的绩效目标体系；二是由各级政府或各个政府部门的绩效目标所组成的政府公共部门绩效目标体系。

绩效评估最根本的目标是评价公共部门的行为活动和运营状况，审查公共组织对资源的利用情况及所取得的成绩，以期向公众证明公共资金得到合理和富有效率和效力的使用，从而维护公共部门存在的合法性。

根据评估的侧重点不同，绩效评估可以具体分为以下三种目标：

（一）以提高组织绩效为目标的绩效评估

通过绩效评估，促进公共部门组织内部的功能发挥，以达到持续提高组织绩效的目标。提高组织的运行效率和所提供的服务质量意味着对组织的结构、功能不断进行审查，对各种制度及其制度间的相互作用进行反思。这就需要建立以绩效为导向的信息系统，采用灵活的管理工具和管理技术。

（二）以资源配置为目标的绩效评估

通过绩效评估，确定资源在公共部门与私营部门之间的分配，并进一步明确两者相应的责任和建立相应的外部监控机制。新公共管理运动的兴起使得公共部门不再是公共物品和公共服务的唯一提供者，越来越多的私营部门及非营利组织通过合同或其他方式参与公共物品的生产和提供，公共组织和私营组织在公共服务上已建立合作伙伴的关系。在确定谁是最有效的公共服务提供者和实现公共资源的最优配置时，绩效评估的结果自然成为重要的参考标准之一。

（三）以节约成本为目标的绩效评估

通过绩效评估，缩减公共组织不必要的活动和开支，以实现增收节支的目标。由于社会事务日益复杂，现代政府的规模也日趋庞大，公共部门的开支在GDP中所占的比重越来越大。与此相矛盾的是，财政收入的增长速度赶不上政府开支增长的速度，各国政府都面临着削减预算赤字的重任。绩效评估的一个很重要的作用就是衡量并比较公共部门的组织绩效（效率、效果、质量等），借鉴有效的管理制度、程序和方法，摒弃不必要的活动，从而实现节约成本、增加收益的目标。

要实现这些绩效评估的目标，就需要制定步骤清晰的计划时间表，建立绩效追踪和控制系统，设计出能有效评价成功与否的评估指标体系，并且要不断地对组织绩效进行评价和分析。此外，绩效目标的实现也依赖于组织所采取的各项措施和战略间的协调一致。

二、公共部门绩效评估的基本要求

公共部门绩效评估体系实际上就是一个信息反映模型，所以判断一个绩效评估体系好坏的基本标准应该是看其在反映客观绩效信息时失真程度的大小。失真越小，说明这个绩效评估体系越有效；反之，失真越大，说明这个绩效评估体系越无效；当失真度超过一定的界限时，就应认为这个绩效评估体系已经失效了。如果根据这种判断标准，最佳绩效评估体系应该是一个可以无限接近客观现实的理想模型。

但是，由于认识水平较低和客观条件的限制，要一次性建构这样的理想化绩效评估体系是不可能的，而只能在不断的实践中逐步完善。就目前来看，为保证绩效评估体系能有效反映公共部门绩效的各个方面，一个完整的评估体系必须反映以下四方面内容：一是投入，即为公共服务提供所需的各种资源，包括人力、物力、财力；二是过程，即公共部门生产各种公共产品、提供各项公共服务的类别及流程；三是产出，即公共部门提供的产品，包括其中间产品；四是结果，即公共部门每项产出或服务所产生的影响。这是建构公共部门绩效评估体系的基本要求，可以反映组织的绩效，但更为常用的指标体系是用具体的概念来建构的。

三、公共部门绩效评估的原则

在具体实践中，有直接指导意义的还是对绩效评估体系建构的一些基本原则。关于这方面内容，国内外学者已有充分研究。目前国际上通行的衡量绩效评估的一般性指标是由英国学者特里·芬维克（Terry Fenwick）提出的3E指标、即经济、效率与效果。美国学者福林（Flynn）后来又加入了另一个 E，即公平。因此，比较成熟的观点认为，经济、效率、效果、公平指标，即"4E"标准（4E Standards）是建构绩效评估体系应遵循的基本原则。

（一）经济（Economic）

在评估一个组织的绩效时，首要的问题是"某组织在既定的时间内，究竟花费了多少钱？是不是按照法定的程序花费金钱"。这是经济指标首先要回答的问题。经济指标一般指组织投入管理项目中的资源水准。经济指标关心的是"投入"的项目以及如何使投入的项目实现最经济的利用。换句话说，经济指标要求的是以尽可能低的投入或成本，提供与维持既定数量和质量的公共产品或服务。经济指标并不关注服务的品质问题。成本衡量能很好地体现出预算和实际成本之间的差距。然而，成本本身并不能衡量服务的效率和效果，因而单一使用成本衡量不能满足绩效评估的要求。

（二）效率（Efficiency）

效率要回答的首要问题是"机关或组织在既定的时间内，预算投入究竟产生了什么样的结果"。效率指标通常包括服务水准的提供、活动的执行、服务与产品的数量、每项服务的单位成本等。效率可以简单地理解为投入与产出之间的比例关系。效率关心的问题是手段，而这种手段经常可以用货币方式加以表达和比较。效率的计量方法有单位产品成本和服务成本，或者单位成本能提供的产品和服务的数量。用最低成本实现最大效益就是有效率的。

效率可以分为两种类型：一类是生产效率，指生产或提供服务的平均成本；另一类是配置效率，指组织所提供的产品或服务是否能够满足利害关系人的不同偏好。也就是说，政府部门所提供的种种项目，如国防、社会福利、教育、健康等，其预算配置比例是否符合公众的偏好顺序；能否接近帕累托最优，即资源的配置能否产生最大多数人的最大利益。传统经济学认为，当供给者和制造者都有相当数目时，市场本身就具有这种达到最适境界的机能。不过，如果消费者没有太多选择时，能否达到帕累托最优，则是一个问题。

（三）效果（Effectiveness）

以效率作为衡量指标，仅适用于那些可以量化的或货币化的公共产品或服务，而许多公共服务的性质很难界定，更难量化。在此情况下，效果便成为衡量公共服务的一个重要指标。效果关心的问题在于"情况是否得到改善"，关心的是"目标或结果"。这样，效果通常是指公共服务实现标的的程度，又可成为公共服务对于标的团体的状态或行为的影响，如福利状况的改变程度、使用者的满意程度、政策目标的成就程度等。因此，效果指公共服务符合政策目标的程度，通常可以用产出与结果之间的关系加以衡量。

效果可以分为两类：一类为现状的改变程度，如公众健康状态、水质的净化程度、道路的耐用程度等；另一类为行为的改变幅度，如以犯罪行为的改善幅度来衡量刑事政策的效果。

（四）公平（Equity）

传统上公共行政与管理重视效率、效果，而不大关心公平问题。自"新公共行政"方式实施以来，公平问题日益受到广泛的重视，并成为衡量政府绩效的重要指标。公平关心的主要问题在于"接受服务的团体或个人是否都受到公平待遇、需要特别照顾的弱势群体是否能够享受到更多的服务"，因此公平指标通常是针对接受公共服务的团体或个人所关心的公正性而言的，通常无法在市场机制中加以界定，因此相当难以衡量。

以下三个原则可以指导公平性的衡量：
①帕累托标准：使一个人境况变好的同时，不能使其他人的境况变坏。该标准的目的是保障最低福利。
②卡尔多-希克斯标准：在效益上的净受益者能补偿受损者。该标准的目的是保证净福利的最大化。
③美国哲学家约翰·罗尔斯（John Rawls）提出的再分配标准：使处于条件恶化的社会成员的收益增加，则是正义的行为。该标准强调再分配福利最大化。

四、公共部门绩效评估的制度安排

（一）评估中各部门的地位和角色的安排

保障绩效评估机构的地位和权威，使评估机构具有相应的权力和独立性，是评估顺利进行的一个前提条件。除政府各部门根据预先确定的标准和程序进行评估外，多数国家还设定了独立机构，一方面对各部门的绩效评估结果进行整合汇总，以便公众比较评估；另一方面有选择性地对一些部门独立进行评估，避免部门自我评估可能产生的"报喜不报忧"和评估失准现象。

一般来说，财政和预算部门在指导评估的过程中起着重要作用。有些国家的财政部中分别设有绩效评估管理机构和预算机构。如果财政部门中没有绩效管理机构，那么在财政部门中新设立机构以进行绩效管理和评估也是常见的做法。财政部部长有时候甚至对绩效管理和绩效评估直接负责。

另外，中央其他部门和地方部门也能对与绩效相关的一些事情负责任。例如，芬兰和挪威的内政部长就有权指导当地和地区政府的绩效改革和评估工作，法国负责公共服务的部长、新西兰的国家服务委员会和英国的公共服务办公室都负有促进和执行绩效管理改革的重任。

传统的政府部门并不总是支持绩效评估。这时，在现有部门内部建立专家管理机构来帮助开展绩效评估是十分必要的。专家管理机构主要起思想库的作用，而不是作为各部门的竞争对手出现。这种责任的划分对于促进绩效的持续改善十分重要。

此外，培训雇员、获得雇员对绩效评估的支持，创造以绩效为导向的文化氛围也是有效绩效评估的重要因素。因而，建立相关的培训制度、帮助组织成员转变观念态度，也成为制度安排的必要内容。

（二）制度化建设

加强绩效评估方面的立法，依靠法律的力量来加强绩效评估的开展，做到依法评估，为绩效评估的进行提供一种制度保障。正如前面所述，通过国家立法或国家行政立法对绩效目标的规定，绩效评估把政府公共管理活动对法律负责、对行为结果负责、对社会公众负责统一在一起。绩效评估的制度化建设主要包括两个方面的内容。

1. 建设绩效评估的申诉制度

申诉是一种解决失当问题的特定监督形式，其核心功能是促进公平，保障评估的顺利进行，增强公众对公共服务的满意度。由于绩效评估依赖于评估执行人，难免在实际评估中对评估制度执行得不到位，有很多方面又要依据评估者的经验和价值判断，不可避免带有主观偏见因素。但绩效评估要进行下去，必须授予评估者一定的权力去完成评估，而且不可能完全在评估方法上和评估工具上防止偏见和不公平。这种评估中内在的冲突造成评估的许多不稳定，必须建立一个消除这种张力扩大的机制，让评估对象对评估不当行为"投诉有门"。评估申诉制度无疑是个纠错工具：一方面通过评估申诉程序，启动相应的调查评议方法，来对评估的问题进行评价，促进评估双方的良性互动，保障评估的顺利进行；另一方面，评估申诉本身也是对上级主管领导的一种评估办法，从而更进一步促进评估的公平和公正，提高评估的能力和评估的效率。

2. 建设公共部门信息公开（保密信息除外）的评估机制

信息的公开和透明是最有效也是最佳的评估选择，因为它调动了公众的力量对公共部门进行监督和评估，补充了绩效评估中评估的不足。通过法律、法规的形式强制要求公共部门公开有关的信息，克服因公共服务的垄断性和提供者的唯一性而产生的信息垄断，对于拒绝的部门给予相应的惩处。同时，通过互联网或电话、邮件的形式建立公众的投诉渠道，并由专人负责处理，处理的结果也应予以公开。

五、公共部门绩效评估的信息系统

绩效评估的信息系统包括绩效评估体系的内容、绩效评估信息的审核制度、绩效评估信息的使用机制。

（一）绩效评估体系的内容

绩效评估体系的内容一般包括产出、效益、财政结果、预先制定的衡量内容或服务质量、公众满意程度等。由于被评估的组织性质不同，评估的侧重点也有所不同，但单一地强调某一重点会有许多缺点。例如，以产出为重点虽然比较容易评估，但也可能导致不符合要求的公共产品或服务的高产出。以效益为导向的评估，一方面很难界定效益，另一方面组织的效益与组织活动之间的因果关系不容易确定。评估指标设定的范围越狭隘，越有可能使评估不能有效发挥作用。评估指标应涵盖组织的所有活动内容和支出项目。

此外，组织提供服务的性质决定了评估的内容要素。对实实在在能感触到的服务比较容易评估和衡量，其次是与个人相关的服务，最不容易评估的是诸如政策、建议或咨询之类的无形服务。现在有些国家正尝试着用一些可衡量的指标将这些无形的服务转化成可感触的服务，如对于政策质量的衡量，可以通过实际采用的数量、覆盖范围、政策的及时性、政策成本和列出质量标准检查清单等方法使得质量评估更易于操作。

（二）绩效评估信息的审核制度

对与绩效相关的信息或资料进行审核是有效绩效评估的关键步骤。审核可以应用于绩效评估的每一阶段，可以审核指标体系选择的适当和有效性、资料收集和加工的可靠性、资料信息的准确性和完整性、用于评判的标准、对结果的解释和评估信息与决策的相关程度等。绩效资料和信息的审核一般需要专门的机构来管理。例如，在新西兰，1989年的公共财政方案规定必须有一份包括对服务绩效进行陈述的审计报告。审计办公室使用的是短期审计报告以说明是否"公正地提供"。审计意见包括信息的准确性和完整性，但不包括指标的适当和有效性。在英国，财政报告是由国家审计办公室审计的。公共部门的绩效评估总结果公布在每年由政府出版的《续接行动回顾》中，审计委员会对绩效信息和评估主要指标的解释进行总结。在澳大利亚，国会中的财政和公共行政常务委员会经常对绩效信息质量提出中肯建议，澳大利亚国家审计办公室会对绩效评估信息是否影响决策做出评价。在加拿大，总审计长负责与绩效评估信息相关的工作。

（三）绩效评估信息的使用机制

对绩效进行比较和对结果进行评价是绩效评估的关键步骤，也是使得评估有其意义所在。绩效评估信息可以用于三个方面：使用绩效信息检验组织是否达到原先设定的目标；利用绩效信息来进行绩效预算的操作；在组织和个人层面上，利用绩效评估的信息对个人和组织进行绩效激励。

任何能够对其绩效进行测量的组织都可以使用竞争性杠杆，这是一种能够比较组织绩效的工具。通过绩效评估的结果比较，可以帮助选择服务的竞争签约者，并且可以取代或者处罚绩效欠佳者。

绩效预算是将所要求的绩效水准写进预算文件之中，规定所付资金要购买的产品和结果。绩效预算是将绩效测量与标杆相结合的一种改进组织绩效的元工具，它把长远结果目标转换为项目结果目标和政府各部门及机构的具体产品目标。绩效评估作为提高组织绩效的手段之一，是让政府职员都能意识到结果意味着什么，当达到这样的结果时，就可以获得奖励。绩效的财政激励必须使用客观的绩效评估数据，而不是管理者的主观判断。只有将绩效激励与显而易见的绩效改进数据联系起来，才能真正激发提高绩效的动力。美国国家公共行政学会研究员戴维·奥斯本（David Osborne）等人认为可以采用的激励手段包括以下一些内容：

第一，绩效奖励，即对雇员的成就提供非财政的认可，让雇员知道自己的绩效已经得到欣赏、尊重和重视。

第二，精神补偿，即为雇员和组织提供准财政激励，如带薪休假。

第三，奖金，即工资之外的一次性现金奖励。奖给那些已经达到规定绩效目标的个人或组织。

第四，增益分享，即为雇员提供组织所达到财政节余的保留部分，条件是达到规定的服务水准和质量。

第五，共享节余，即组织的增益分享。允许组织保留在财政年度所节余的部分资金，以备将来使用，这样就增加了组织节余的动机。

第六，绩效工资，也称为功绩工资，它创新了传统的补偿机制，并使雇员工资的主要部分与绩效联系起来。同时，它将工资表、工资提升与绩效联系起来，而不是提供财政比例附加，如奖金和增益分享等。

第七，效率红利，逐年以小比例减少组织的行政预算，但要求组织保持其产品水准以促使机构提高生产率，或至少可以弥补流失的收入。

第三节 政策执行理论

政策执行的终极目标是保障政策目标的实现，但政策实施的过程是以结果为导向的。制定政策是为实现某一目标，而这一目标是政策内容的主要要素之一。再者，政策执行是政策实施过程的必经之路，并且政策目标实现的前提条件是政策的无偏执行。

一、实现政策目标是保障政策的最终目的

政策实施的最终目的是实现政策目标，以结果为导向是政策执行过程的本质。政策的主要任务是达成某一目标，而目标是政策的内容之一。在过去的众多理论研究中，虽然研究的视角不尽相同，但多数研究聚集于政策执行过程的行为措施，或者是监督组织或个体在政策执行过程中的行为，无论研究的关注点是否相同，政策目标实现始终是研究的最终目的。与此同时，目标置换是政策执行过程中常会出现的问题，这将会导致政策执行难度加大。在过去的研究中，从历史背景的角度可以看出，社会与政治背景和政策所处的具体环境都息息相关，并且在形成过程中发生冲突的目标如何排列优先顺序或者如何达到更高层次的目标是需要进一步论证的。因而，在确定政策目标时，需要考虑到上述几个方面的问题，以便达到提高政策执行目标有效性的目的。

政策目标具有多样性的特征，它包括直接与间接目标、经济与社会目标、短期和长期目标以及区域性和整体性目标等。从公共政策执行理论的视角来看，政策目标多样化的特征经历了三个阶段：第一阶段，政策执行的原则是"自上而下"的实施路径，其政策目标实现取决于上级直管单位或决策者的意向目标；第二阶段，政策执行的原则是"自下而上"的实施路径，其政策目标实现在于通过多元执行者的互动来决定；第三阶段，政策执行的关注点尝试将"自上而下"和"自下而上"两种路径相结合，其政策目标在于解释不同时期不同环境中的表现，而

这些表现会受到时间、环境、执行机构以及政策等多个因素的影响。总体上来说，个人或组织的价值理论并非公共价值理论研究的趋势。李瑞昌在《中国公共政策实施中的"政策空传"现象研究》中谈道："公共政策的价值体现是维护和促进社会发展公正，主要体现在公民基本权利的平均分配、经济活动收入的最大分配、社会底线需求的平均分配以及促进社会和谐的响应性分配。"

政策目标是政策实施的最高指导方针。国外部分学者认为，政策实施合法化后，政策实施的过程已经有了明确的目标，政策标准是政策目标的具体表现，是政策实施的依据。美国政策学家萨巴蒂尔（Sabatier）和马兹马尼亚（Mazmanian）认为，政策目标是政策执行的导向。制定政策目标有两种方式，分别是定量和定性。前者便于评估，而后者是软约束。政策执行成功的正确标准是对既定政策目标的忠实程度，即政策目标的实现程度。但很多政策在实施过程中，会出现不实施、假实施和虚实施的现象，究其原因在于各级地方政府承担着政府的代理人角色，这与各级政府之间的层级安排相冲突。针对这种情况，有必要明确各级政府在政策执行中的责任。范晓东等人在《"特岗计划"政策执行的理想化目标与模糊性现实——以山西X县为例》中通过对"特岗计划"的研究发现，虽然政府提出了很多解决欠发达地区农村教师短缺问题的办法，但事实上，由于名额限制再加上剥夺了基层自主补充教师的权力，导致部分政策无法达到预期目标。为了保证该地区的教育质量，基层采取了一种"协谋"的方式来补充教师资源。基于此，他们提出通过合作治理的方式来设定政策实施目标，这无疑是下一步政策制定和实施的关键。杨宏山在《公共政策的价值目标与公正原则》中对1997—2006年江西省教育支出占比进行了分析，发现地方财政的增长并没有相应地提高教育支出占比。同时，地方政府在实施中央人民政府规定的教育支出占GDP的4%的目标时，采取了选择性的实施方式，通过政治集中管理干部，将教育投入指标纳入绩效考核体系，从而提高政策执行的有效性。

二、政策执行是目标实现的必经之路

目标实现过程的必经之路是政策执行。在1951年初，美国政治学家哈罗德·拉斯韦尔（Harold Lasswell）等人深入研究了政策执行的过程，并确定政策实施是目标实现过程中一系列活动的必经之路。但长期以来，政策的实施并没有得到足够的重视。1975年，美国学者阿伦·威尔达夫斯基（Aaron Wildavsky）和杰弗里·普雷斯曼（Jeffrey Pressman）共同编写了一本《执行》，通过案例研究发现政策制定和政策执行密不可分，并指出要避免政策失败，必须重视政策执行，引起了社会各界的广泛关注。李瑞昌在《中国公共政策实施中的"政策空传"现象研究》一文中认为，政策执行是运用政策工具、落实政策目标的过程，实际上是实现决策意图最关键、最实质的部分。无论什么样的公共政策，都需要经历政策执行阶段，才会有实现政策目标的可能。

充足的资源供应保证了政策的有效实施。国外部分学者认为，政策执行所需的人力、设备、资金、信息等资源是否充足，直接影响到执行人员是否愿意履行职责以及是否认真负责地执行政策。美国学者爱德华（Edwards）对此进一步阐述了自己的观点，政策实施需要有充足的资源提供保障，这些资源包括配置齐全的专业人员、有效的政策信息、足够的流动资金和充足的原材料，甚至需要具备合格的劳动力及权威的政策执行者。

与上述内容不同的是，萨巴蒂尔在解释其政策支持联盟框架时指出，政策主体会受到资源约束，这种资源约束在与外界互动的过程中，将会直接影响其政策策略，从而对政策的实施产生一定的影响。当然，除了物质资源外，技术资源、制度资源和人力资源的供给也是一项重要内容。例如，萨巴蒂尔和马兹马尼亚认为，执行机构内部和机构之间的整合是有效实施政策的重要先决条件。例如，美国学者卡尔·帕顿（Carl Patton）和大卫·沙维奇（David Sawicki）认为，政策执行机构与政策执行人员之间应建立必要的组织、协调、沟通和控制机制，以实现组织结构科学合理、功能完整、运作灵活以及高效统一的目标。美国政策学家安德森（Andson）认为，政策执行的力度不仅取决于执行者的态度、动机和外部压力，还取决于组织可利用的政策执行技术。从一定程度上来讲，国内学术界提到的"共谋""逃避责任""空传"和"上有政策、下有对策"等多种政策实施效率低下或者完全不落实的思想，其都与资源缺乏、到位情况或不匹配有关。从本质上反映了中国基层在财权、编制权、政策执行自由裁量权等方面出现的资源短缺的现象。

无偏离执行政策是实现目标的前提条件。政策目标的实现必然要求政策落地执行的实现，这实际上就是政策执行。普雷斯·曼和威尔达夫斯基通过对奥克兰项目的案例研究发现，公共政策的失败往往是由于政策执行发生偏差。换句话来说，公共目标的实现取决于政策的公正执行。但是这种无偏差执行的实现并不容易。贺东航等人在《公共政策执行的中国经验》一文中提到，为了实现这种无偏差，国家层面制定的公共政策应明确落实到一定的实施领域，经过一定的政策细化或重新规划，进而形成"中央统一性、地方多元化"的政策执行格局。同时，重要公共政策的制定本身具有多元属性，多部门合作与配套政策制定是实现政策目标的基础，实质上就是取决于目标细化、因地制宜、部门合作与资源共享的有效结合。钱再见等人在《公共政策执行主体与公共政策执行"中梗阻"现象》一文中认为，纠正政策实施中的"梗阻"现象，需要将政策执行评价、监督和问责制度相结合。这一观点侧重于责任实施和履责机制的构建。赖秀龙在《教育政策执行中的政策变通》一文中则认为，由于政策环境的多变性和多样性，为了实现预期的政策目标，政策执行者应在坚持政策精神的前提下因地制宜地实施政策。这个观点摒弃了政策执行中各种条件的制约和考量，单从政策精神层面提出了对政策执行的要求。事实上，这一观点体现了放权思维和政府责任的重要性。

三、公共选择机制下存在政策执行偏差

财政支出政策的实施必然会涉及政策信息的丢失和政策执行的偏离。美国经济学家阿瑟·奥肯（Arthur Okun）曾经说过，一个漏桶可以实现富人和穷人之间的再分配，经历这种再分配才能产生所谓的"漏出效应"。政策执行偏离的产生与政策实施过程中不同主体的公共选择机制相互联系，并且也与政府自身的缺点（如制度设置、制度选择、组织文化等）密切相关，同时外部客观因素（如经济周期、自然灾害等不可抗力因素）也是造成政策执行偏离的原因。从这个角度来看，财政支出政策的执行偏离难以避免。

公共选择机制是导致支出政策执行失误的重要原因。美国经济学家詹姆斯·布坎南（James Buchanan）和戈登·图洛克（Gordon Tullock）认为，每个决策单元都具有一定的合理性，这种合理性不仅体现在实现一定的目标上，而且还呈现了通过具体行动实现其目标的活动全过程。因此，有必要将组织选择中的个体参与者视为"唯一真正的决策者"，理性行为是根据每个个体的目标实现来讨论的。在政府机构的政策执行过程中，决策个体或组织的利益是影响公共政策执行的一个重要因素，特别是当个体或小群体的利益与公共政策的利益追求相抵触时，很容易造成所谓执行偏离，导致腐败以及政策的失败。对于享受政府公共服务的公众来说，舆论表达的过程也会影响支出政策的执行效率。美国经济学家曼瑟尔·奥尔森（Mancur Olson）对集体行动的逻辑进行了利益决策分析，他认为，大型团队的个体在理性思考自身利益的情况下，一般不会采取行动来实现集体的利益，而通常采用"搭便车"的方法作为其理性的选择，这样容易导致集体决策失误，体现出组织整体福利不足、个人需求无法得到满足。因此，公共选择下的舆论表达困境也会导致政策执行的偏差。政府和公众的公共选择机制构成了政策执行偏离的关键因素。

就政府职能而言，其缺点主要体现在"政府失灵"上。具体表现在三个方面：

第一，个人的意见在社会中无法表达或纳入困难。早在18世纪，法国思想家马奎斯·孔多塞（Marquis Condorcet）就提出了著名的"投票悖论"，即分析三个人的投票偏好，并对每个人的喜好进行排序，故在这些选择方案中，没有一个能够获得多数票而通过的。借鉴这一悖论，美国经济学家肯尼斯·阿罗（Kenneth Arrow）通过数学演算证明，在民主制度的背景下，无法同时满足不同个体对不同选择的偏好，并根据此情况提出了所谓的"阿罗不可能性定理"。这表明投票过程本身存在着制度性的缺陷，并且不利于总结社会成员的意见。第二，由于有限的监督活动和现有制度的系统设计，政策制定者可能会出于对少数人利益的考虑，从事所谓"寻租活动"，并且忽略甚至损害多数人的利益，从而导致产生更高的社会成本。布坎南认为，寻租本身具备一定的制度基础，由于现有的制度往往是个人行为决策决定的依据，所以一旦有序的制度逐渐转变为一种政治分配和混乱的状态时，寻租就会不约而至。这一观点实际上采用了政治学中制度学派提倡的"恶法"观点或制度归因方法，而"良法"的不易获取实际上反映了寻租活动的普遍性。丁煌在《我国现阶段政策执行阻滞及其防治对策的制度分析》一文中研究了中国"有令不行、有禁不止"等政策执行中的扭曲、阻碍甚至停滞等现象。他认为这种现象对政府的表现产生了负面影响，并造成了政府权威的流失。周雪光在《基层政府间的"共谋现象"——一个政府行为的制度逻辑》一文中进一步研究了中国基层政府在执行上级政府特别是中央人民政府的政策和指示时的行为过程。文中提出，一些基层政府往往会采取"上策下策"的各种手段应对各种评估和检查，导致政策执行偏离了制定政策的初衷。改变这种状况的手段在于将决策过程与执行过程相结合，从而达到优化制度和实现政策目标的目的。第三，由于行政机构的内部绩效评价活动难以开展和缺乏内部竞争的环境，导致了行政事业单位的办公效率低于企业的运作效率。其内部绩效评价难以进行的原因在于内部对外部干预的抵触、外部与内部之间的信息不对称以及科学绩效评价的技术难度较大。然而，事业单位内部缺乏竞争环境主要表现为政府机构和管理人员在行政决策和行政事务上相对于市场企业主体有绝对的垄断性。此外，官僚主义本身具有较强理性的特征，容易导致积极性低、效率低和不作为等现象的产生。

外部客观因素主要有重大自然灾害、经济周期的内在规律、行政成本控制、有限的可利用资源等。虽然客观因素和公共选择的机制无法改变，但政府自身的缺陷可以通过重构运行机制来调控。重构这一运行机制的方式并不唯一，但可以运用政府问责、自我监控或者评估财政支出绩效的方式对其进行调控。首先，政府问责是其中一项重要的调控手段。政府责任在于能够积极回应公众的需求，且积极采取措施，公平有效地实现公众的利益。再从问责的字面意义出发，可将问责解释为追查主体的责任。换句话说，政府问责实际上是对政府不回应公众、消极、不作为、不利于公众利益的行为进行问责。通过该途径就可以实现威慑和警告，迫使政府履行其职责。其次，政府内部机构的自我监督，包括上级部门对下级部门的监督、部门内部的监督、审计部门对其他部门的监督等。汪永清在《对完善政府内部监督体制的探讨》一文中认为，政府内部监督是政府自我约束的一种机制。这种监督是制度内的自我纠错和自我修正，并在一定程度上促进了制度本身的反思功能和自我纠偏机制。最后，不能忽视的是财政支出绩效评价。其本质是考核政策执行结果与政策预设目标之间的比较，故又称之为"目标检验"。目前，此类活动是通过财务部门进行核算的。然而，正如郑方辉等人在《论第三方评价政府绩效的独立性》一文中所谈，通过传统的系统内评价获取信息较为方便，但评价主体与评价对象之间存在直接或间接的从属关系和利益关系。在自我评价、自我认同等心理因素和利益的驱动下，容易导致评价被操纵，甚至使评价结果带有浓厚的主观色彩。因此，需要由独立的第三方或人民代表大会（简称"人大"）等外部主体对财政支出的绩效进行评价，保证评价结果的客观性，并提高评价结果的可信度。从可行性的角度来看，我国甘肃、浙江、广东等省会城市率先进行试点运行独立第三方或全国人大领导等主体评价财务支出绩效的方式，其结果充分显示了独立第三方领导的难度和全国人大领导的可行性。

第四节　财政支出绩效评价理论

大多数西方国家的公共行政管理模式正在发生变化，这无疑反映出公民日益增长的期望、错综复杂的治理环境、新型技术的发展以及国际上关于公共部门管理最佳实践辩论的影响。"新公共管理（New Public Management，NPM）"的标签可以用来概括这一时期公共管理政策和实践的改革。同时，每一个组织的财政收支账目允许与过去的绩效以及其他组织的绩效进行比较，这一做法有助于进行绩效基准测试。世界各个国家的地方政府的系统持续改革需要准确、及时和相关的信息来评估地方政府的绩效。绩效评估分析报告可以作为评估组织优势和劣势的重要管理工具。传统财务核算的方法在评估组织财务健康状况中的持续重要性已得到充分证实。同时，营利能力、流动性和长期负债等相关会计信息对于评估财务绩效和运行情况来说也是至关重要的。

一、财政绩效评价的来源、功能与目标

（一）财政绩效评价的来源

当代社会环境下的公共支出绩效管理改革不仅为公共财政理论提供了发展的空间，而且为公共财政理论提供了相应的支持和指导。对于探究绩效管理理论的形式，需要分析有关公共选择理论、委托代理理论和新公共管理理论对绩效管理理论的影响。从某种意义上来说，绩效管理的重要理论来源恰巧是由以下三种理论来奠定基础的。

1. 公共选择理论

公共选择理论最早被发现于20世纪初，政府行政执行能力在政府职能领域内存在失效的问题。政府活动并不总是如理论所描述的那样"有效"，公共决策必然会产生一定的偏误或失效，政府机构工作往往容易表现出低效率，且政府本身也无法摆脱扩张的趋势，这些现象都充分暴露了政府干预的局限性。因此，公众日益增长的期望自然要求政府通过改进管理方式来提高行政效率和财政资金投入的有效性，从而使公众做出有利于政府可持续治理的抉择。否则，公众可以通过"以手投票"或"以足投票"等方式来影响甚至威胁政府的决策和治理地位。

公共选择理论作为政府绩效管理理论的主要来源之一，为政府实施财政支出绩效评价提供了若干指导思想。效率原则是把钱放在"刀刃上"，财政支出绩效评价的首要目标就是把提高公共资金使用效率作为衡量标准，并通过财政支出绩效评估调控资金使用的出处，检查资金使用情况是否能达到制定政策时所预计的结果，且根据绩效评估结果使其资金流向政府需要的方向。动态责任的原则是促使政府安排公共资金的投入，以实现公共利益最大化，同时，采用问责制为财政投入绩效评价提供后续保障。而制度透明原则是通过对财政投入的绩效评价，让公众清楚地知道公共资金"取之于民、用之于民"的真实去向。

2. 委托代理理论

根据委托代理理论，政府提供公共产品的行为是公众通过税费委托的过程，最终形成了公众与政府之间的委托代理关系。由于经营管理中委托人与受托人之间的时间、空间和信息等多方面处于分离状态，导致委托人往往不能直接控制受托人的责任履行过程和会计报告的质量。由于社会资源存在一定的稀缺性，社会成员以自身效用最大化为目标，这就会导致过度使用公共财产和"搭便车"盛行

的现象。为有效解决这一问题,政府应承担向公众提供制度、秩序、商品和服务等公共产品的职能,并通过独立的第三方机构来实现这一控制,这就直接产生了绩效评价的行为。

在这段关系中,假设公共财政资金的管理者与公众之间不存在任何的道德风险,这样两者很容易结成博弈联盟,最终达成公共财政资金管理者和用户单位之间的委托代理协议。在财政部门打款给用户单位的过程中,很显然用户单位得到了第一手信息资源,虽然财政资金使用流程要求用户单位需要填报资金用途说明,但一旦脱离财政的有效监督,用户单位容易出现资金使用不当或者使用效率低下的现象。为此,引进绩效评估体系是为财政部门考核资金使用效率提供依据,以便弥补行政运行中的信息缺失。另外,政府作为行使公共权力的主体代理人,必须履行管理公共资源的职责,并按公众的意愿有效配置资源。总的来说,绩效评估产生和发展的首要基础是委托代理经济责任的存在,而绩效评估的终极目标是保证代理经济责任的有效落实。委托代理理论无疑成了财政支出绩效评估的基础理论。

3. 新公共管理理论

新公共管理的标签被用来概括这一时期公共管理政策和实践的改革。组织的财务收支账目允许与过去的绩效以及其他组织的绩效进行比较,并有利于提高效率基准测试的准确性。世界各国地方政府系统的持续改革需要准确、及时和相关的信息来评估地方政府的绩效。财务分析报告被定义为评估组织优势和劣势的重要管理工具。传统财务比率在评估组织财务健康状况中的持续重要性已得到充分验证。同时,营利能力、流动性和长期负债等相关会计信息对于评估财务绩效和状况来说,也是至关重要的。相关研究表明,总收入相对较低、营业收入下降幅度较大、运营资本相对较少、负债与资产比率较高的企业更容易破产。在私营部门,预测财务状况恶化的模型通常包括会计数据。在公共部门,几乎无法获取市场数据,所有的地方政府部门都需要提供关键性服务项目,几乎没有机会实现多样化。因此,绩效评估的框架是基于已发布财务报告中关键性统计数据的财务比率来设计的。同时,还需要考虑到社会经济变量的影响,如人均 GDP 水平、受高等教育人口的比重和市场化水平,因为这些社会经济变量是影响社会经济发展的重要因素。

绩效管理可视为一种管理理念、管理模式和管理方式,不仅直接促进了政府角色的转变和管理理念的创新,也是新公共管理理论框架的重要组成要素之一。

政府整体受托责任的提高完全依赖于绩效管理模式的引入，政府财政收支评价和行政能力测评的范围也逐渐扩大，政府监管机构将运用财政分配制度和评估结果制定合理的政策目标、财政预算和工作计划，并根据具体执行项目和行动的可行性和实践性进行合理决策，从而促进政府资源有效地流动和运行。因此，一方面，由于政府内部形成了较强的绩效意识，政府管理者对政府公共项目执行的责任感也得到了增强。另一方面，在绩效考核提供的技术支持下，掌握既定财政资源的政府部门可以真正将管理重心从财政投入转向财政投入后的产出结果，从而为准确评价和全面掌握投入产出结果提供了基础。

（二）财政绩效评价的目标与功能

提高政府的执行力和公信力是财政收支绩效评价的主要目标。奥斯本等人认为，政府绩效评估是要求政府组织彻底改变按规定办事的工作作风，且寻求一个具有使命感的政府；同时，以过程为导向的管理方式和以结果为导向的控制体系是政府执行管理工作的两个主要方式。财政支出绩效评估是政府绩效评估工作中最重要的内容之一，这也是在确保政府高效运行的同时，加强政府责任，向公众负责。前者可以看作一个技术目标，即提高政府的运行能力，实现政府高效率地执行工作；后者体现了政府行政的价值，即对民主的追求，体现了政府执政的合法性和公信力。需要进一步说明的是，公信力与行政权之间存在着一定的差异。郑方辉等人在《财政专项资金绩效评价的基本问题》一文中指出，有公信力就一定有执行力，但具有执行力不一定具备公信力，甚至可能具有破坏性。这种差异性实际上基于财务绩效评价与目标管理两者之间的区别。在运行中，目标管理仍然严格按照"目标—结果"比较的方式进行，而效益、效率和效果三个方面的综合评价是财政支出绩效评价的基础工作。换句话来说，目标管理不会参与判断目标本身的合理性、科学性和民主性的价值，而只是检验实施结果是否有效地实现了预定目标，准确呈现了财政支出"正在做什么"的过程。因此，这一过程只能为政府有效运行提供制度保障。但是，财政支出的绩效评价是存在差异的，其发展过程不仅包括结果实现的检验，还会延伸到结果价值的深思，即面对财务支出"应该做什么"，评估结果是否符合财政支出的价值取向，在一定程度上取决于行政执行力"正在做什么"的纠偏。

财政绩效评估的基本原理是诊断财务报表中的会计信息，以判断未来的收入、支付利息的能力、债务到期日、营利能力和稳健的股息政策。财政支出绩效的衡量标准是将大量信息简化为便于分析的形式，单一的财务业绩衡量标准并不足以评估组织绩效。与企业针对财务问题提供的解决方案相比，评估多项财务指标在多数情况下更能帮助管理者提出正确的解决方案。在过去的研究文献中，公共部门的财政支出绩效评估被定义为一个广泛而多功能的结果评价过程，并且是以一种认可的绩效评估方式参与到所有的重要绩效指标体系当中，使其管理过程监控、价值创造、及时调整和快速反馈成为提高政府高效施政能力的必经之路。财政支出绩效评估的好处在于可以区分非财务指标和财务指标的主要优势。非财务指标可以反映当前决策的影响，揭示影响因素与评估结果之间的因果关系，提供相关执行现状和提高详细信息的真实性。非财务指标与一个组织的长期目标密切相关，可见，这两种指标的存在是为了更好地反映未来财务结果的指标。值得注意的是，非财务信息可以对财务信息进行及时补充和调整。因此，财政支出绩效评估不应只侧重于一些主要的财务指标。与此同时，绩效评估方法可以分为两种：第一种是通过财务指标分析证明其合理性的方法，第二种是运用经济分析模型结合政府财政现状和非财务绩效信息对其行政活动进行定量和定性评估。目前，最流行的绩效评估模型有价值增值法、平衡计分卡、活动棱镜、活动评估金字塔、六西格玛模型和多标准模型。

二、财政支出绩效具有管理双重理性

财政支出绩效的第一管理理性是追求民主法治的价值理性。德国社会学家马克斯·韦伯（Max Weber）认为，完全价值理性一般指某个人坚信不疑地使用某种方式去实现其目的。在公共财政管理中普遍认为预算民主就是价值理性。学术界和实务界有很多学者指出，公共财政的目的是为民生提供基础保障，其内在逻辑、框架结构以及所有特征取向决定了它属于民生财政，但民生财政是不是财政支出的基本价值取向问题，其答案显然为不是。当然，这一观点在一定程度上反映了我国目前关注度比较高的财政保障制度，也反映了公众对财政投资社会保障的期望。民生财政虽然是当前财政支出的重要组成部分，但两者之间存在本质区别，因为财政的职能不仅是保障民生，同时还具有经济、外交、稳定等职能。对此，高培勇在《公共财政：概念界说与演变脉络——兼论中国财政改革30年的基本轨迹》一文中认为，政府在民生领域产生了大量的财政债务，但财政的职能不仅仅只有民生，还需要把当前补偿性的政府行为作为优化民生的全部内容，这绝对不是公共财政的本质，并基于上述内容分析公共财政的本质含义。李炜光在《财政不是经济问题 是政治问题》一文中对此进行了回应，他提出，财政本身涉及政治问题，同时会影响公民和政府的关系以及牵扯到政治合法性。焦建国在

《民主财政论:财政制度变迁分析》一文中也对此做出了进一步分析,"每个人的公意直接决定了这些资源的配置"构成了"原始财政",所以财政的本质是"民主财政"。建立公共财政的基本框架就是按照民主财政的要求,构建现代政府预算制度,建立财政运行的民主机制。从这一角度来看,民主财政是公共财政的一种表现方式,民主财政的核心是协调公民与政府之间的关系,以增强财政支出的政治合法性为目的。

关于如何实现公共财政民主,学术界基本认同需要让人大代表和政协委员参与财政监督过程,推动财政支出的第三方绩效评估,并提高对公众满意度的关注,促进财政进程的公开性和透明度。在学术界的案例数据库中,巴西的阿雷格里港(Porto Alegre)成为民主预算讨论的一个经典案例。1989年之后,阿雷格里市政府开始改革公民参与财政决策的过程,从一个"典型的腐败、裙带关系和技术官僚政府"逐步转变为一个"全球公共管理模式的典范"。正如美国公共管理专家马克·霍哲(Marc Holzer)指出的那样,当政策制定者和公民参与财政绩效评估时,政府会承担起财政支出和公共行为的责任,政府责任也会得到履行,这就从本质上改善了政府绩效。换句话说,追求公众满意度已成为民主财政的一个核心组成部分。

从深层次的角度来看,民主机制是以法治为前提的。朱大旗等人在《议会至上与行政主导:预算权力配置的理想与现实》一文中认为,议会在各国的政治生活(包括财政管理)中拥有最高权威,其核心使命是控制财政。在此基础上,马骏在《盐津县"群众参与预算":国家治理现代化的基层探索》一文中还指出,盐津模式面临的最大挑战在于能否持续发展以及未来能否实现制度化。从一定程度上来说,立法机构拥有最强大的民意基础和最正式、最严格、最透明的立法程序,所以由法律规定控制财权是立法机构惯用的方式。但与此同时,也有部分学者提出,当代中国财政法治的现状并没有为民主财政提供完善的制度保障。从这一角度来看,民主财政是以法治财政为基础的。因此,公众满意度和法治程度都是财政支出的价值追求目标。

再者,工具理性可为决策提供相应的辅助功能和方法论。也就是说,作为一种财政监督工具,用韦伯发表文章中的一句话来说,决策是建立在"目的、方式和附属结果"的基础之上的。财政支出绩效评价的工具合理性可从两个方面来进行论述:一方面,辅助决策的有效工具可以视为财政支出绩效评估的方法。广大公众在参与预算管理时,往往自身缺乏最基础的财政知识,所以时常会面临"理解困难"和"表达混淆"的困境。从而造成多数公众在绩效评价标准和行政部门意见上出现分歧，造成公众监督过程的难度不断加大，同时也会阻碍公众意愿的表达。财政绩效评价的意义在于根据效率、经济、效益以及公平的指标权重评价政策执行的基本绩效，为公众参与预算监督和政治投票提供有力的参考依据。同时，这种预算民主机制也可促使预算决策趋于科学化。这是因为在预算民主机制的前提下，公众可以亲自参与政府的财政监督活动。政府在这种外部监督的压力下，会以提高绩效作为回应，从而优化决策的能力和结果。从这个视角来看，财政绩效评价可辅助行政决策，且服务于公众。另一方面，解决财政支出问题的方法论主要由财政支出绩效评价的反馈结果所提供。1994年分税制改革后，各地方政府之间出现了特殊的"GDP竞争"，导致地方政府坏账的出现以及地方财政的可持续性减弱。周黎安在《中国地方官员的晋升锦标赛模式研究》一文中认为，"晋升锦标赛"的影响已涉及"地区间的恶性经济竞争"，导致地方官员只关注可衡量的经济表现，而忽略了这一经济绩效带来的长期影响。缺乏规范化和系统化的财政支出绩效衡量标准是解决地方财政乱象的难点，而财政支出绩效评价无疑是"把不可计量的东西变成可计量的东西"。

具体来说，财政支出绩效评价通过一个标准化的指标体系来反映财政支出绩效，使其财政规模与财政体系结合起来反映财政支出绩效的目标。同时，借助于这一成果，可以实现财政专项项目（包括专项整合、专项清理等）的科学梳理，从而使财政收支结构和规模得到优化，达到降低地方政府财政风险的目的。涉及具体评价内容，高培勇在《什么才是衡量税负水平高低的根本标准》一文中认为，财政支出绩效评价的重点在于政府用钱做了什么、达到了什么水平，效率是否够高、价值有多高。

三、绩效目标价值体现财政绩效评价的科学性

在公共部门选择机制的前提下，财政支出政策的实施具有内在的偏离倾向，而财政支出绩效评估可以弥补这种偏离。然而，这一过程的科学性取决于绩效指标设置的合理性以及不同主体对其把握的准确性。也就是说，绩效目标价值是否合理以及价值把握是否准确，直接决定了财政支出绩效评估所能发挥作用的重要性。因此，在执行过程中一旦出现偏离，就易于陷入工具主义的循环怪圈中，也会导致政策执行的偏差或失误。尚虎平在《政府绩效评估中"结果导向"的操作性偏误与矫治》一文中称之为"操作偏误"，郑方辉等人在《补助性财政政策绩效目标为什么会走样？——基于广东三项省级财政专项资金绩效第三方评价》一文中称之为"形式外的政策绩效目标"。为了解决这一问题，需要进行正确的价

值目标分析，以明确财政支出绩效评估的价值内涵为前提，减少忽视关键因素的可能性。一般来说，财政支出绩效评估的价值追求包括经济（Economy）、效率（Efficiency）和效果（Effect），即所谓"3E"原则。从某种意义上来说，"3E"起源于财政危机。第一次石油危机后，全球性滞胀导致经济衰退，面临财政赤字和超负荷的社会经济职能，各国政府纷纷提出提高政府管理绩效的迫切需求。英国前首相玛格丽特·希尔达·撒切尔（Margaret Hilda Thatcher）在1979年发起"雷纳评审"时，雷纳团队提出的"3E"评估标准以经济、效率、效益作为基础性指标，随后在全球正式掀起了"3E"评价浪潮。后来，美国会计总署率先提出了"4E"原则（经济、效率、效果和公平），并正式将"公平性"纳入财务管理领域，形成了所谓"4E"原则。此后，这一原则又被"环保性"等其他内涵所补充，从而产生了所谓"5E"原则。值得注意的是，美国20世纪七八十年代在实现"公平"的道路上几乎很难达到理想状态，并引发了很多争议。因此，"3E"原则从适用性的角度来看，仍然是世界上使用最广泛、适应性最强的财政支出评估标准。

然而，根据不同的理念，"3E"乃至"4E"的标准权重在不同时期、不同地区、不同阶段并非都是一致的。例如，在"3E"标准中，效率和公平之间经常会出现不可调和的矛盾。20世纪90年代，我国高等教育收费问题引起了社会的热议。当时，教育资源存在一定的分散性，同时分别向社会和个人进行分散，从而导致国家单一投资的高等教育事业陷入了资金短缺的困境。鉴于教育资源的短缺情况日益严重，并且按照平等机会原则中国分配教育资源的条件仍不具备，因此，以收费的形式来解决高等教育投资缺口的矛盾是必经之路。奥肯认为，当公平和效率都处于重要位置时，换句话来说，就是当其中一方相对于另一方没有绝对优先权时，应通过政治活动过程来达成妥协。在一定程度上来说，通过政治活动可以解决不同价值标准选择的矛盾。

除了"3E""4E"和"5E"之外，不少学者逐步开始对财政可持续性问题进行反思，这无疑触碰到了公共财政管理问题。对于公共财政管理来说，需要实现的三大目标是效率、公平和稳定。其中，"稳定"的本质是保证财政的可持续性。在2018年，针对是否采取积极的财政政策，实务界和学术界展开了激烈的讨论。面对这种现状，王雍君在《当前对财政政策是否积极之论辩肤浅的令人震惊》一文中提出，长期财政赤字足以表明中国实施积极财政政策的空间已经很小，但问题的焦点不应该是"是否积极"，而是在财政政策的运作上首先考虑财政的可持续性（政府在不损害关键服务交付的基础上独立清偿到期及中长期债务的能力）和目标的一致性（财政收支、赤字和债务等政策变量与经济政策目标是否一致）。

四、公共财政是教育支持工作的物质保障

教育支持工作需要公共财政提供有力的资金保证，而对于教育这一名字是否符合公共产品的属性，国内外专家一直对此存在争议。从社会资本理论的角度出发，教育可视为投资产品，可为投资者个人和社会带来一定的效益，也能提高个人收入和社会生产力。基于上述观点，教育是一种可以为社会发展带来效益的产品，在一定范围内是可以享受公共财政的。相反，英国知名经济学家、政治哲学家弗里德里希·奥古斯特·冯·哈耶克（Friedrich August von Hayek）在基于市场公平与自由的理论角度上考虑，接受高等教育的学生不应享有政府提供的公共教育经费。美国很多教育家对高等教育成本分担理论提出了自己的看法，例如：美国教育经济学家布鲁斯·约翰斯通（Bruce Johnstone）认为，高等教育成本本应由政府和纳税人全部或几乎全部承担转变为由家长和学生全部或部分承担。美国经济学家米尔顿·弗里德曼（Milton Friedman）认为，公共教育制度不存在市场竞争机制，从而导致众多资源浪费和生产效率低，因而高等教育应全部向学生和家长收取费用。国内学者对多位学者的看法进行了总结对比，提出了教育产品的属性定位：教育不论是从维护社会公平的角度还是从教育资源优化配置的角度出发，都需要政府公共财政的投入。

另外，国际社会最迫切的要求就是以公共财政实现教育公平的发展。1990年召开的世界全民教育大会通过了《世界全民教育宣言》，该份文件中提到了"每个儿童、青年和成人都应能获得旨在满足其基本学习需要的受教育机会"。同时，"积极消除教育差异。不应使如下一些社会地位低下的群体在获得学习机会上受到任何歧视"。结合国内实际，政府公共财政应承担起相应的教育帮扶支出。然而，国内教育财政支出在中央多次强调其重要性的前提下，实践效果并不理想。梁文政发表的文章《重庆市教育精准扶贫存在的问题及对策》在研究重庆市教育帮扶支出的问题上发现：第一，支持政策缺乏差异性；第二，支持对象并非精准化；第三，支持措施统筹力度较小；等等。另外，郑方辉和廖逸儿在《财政专项资金绩效评价的基本问题》一文中谈到，经济落后地区的教育公平性往往最差，同时，欠发达地区长期依靠"财政吃饭"，因而教育财政支出的绩效相对较差。其主要原因在于区县一级在教育投资方面有心无力，财政专项配套的实施增加了基层财政的负担。

第二章　国内外教育绩效评估的实践与启示

　　绩效评估是实施公共管理方式的一种有效途径。20 世纪 80 年代以来，一些发达国家在政府制定教育政策、分配教育经费、加强学校管理等方面上将绩效评估作为衡量标准的重要手段，如学校绩效资助机制、教师绩效工资制度等。近年来，随着教育绩效在我国逐渐成为一个热点问题，国内教育行政部门和其他各级机构在短时间内组织了很多类似的教育绩效评估活动，如财政支出绩效评估、教师绩效评价、高等院校管理绩效评估、职业技术学校评估等。本章主要通过文献研究，从地理位置上选取部分具有代表性的国家，并结合我国高等教育绩效评估的现状，整理国内外高等教育管理评估的研究现状、存在的问题、评估政策与目标、指标类别与体系和评价方法，为了解国内外高等教育开展绩效评估的背景和效果，同时借鉴国内外高校排名竞争力、高等院校绩效管理等指标结构构建和评估方法，分析国内外办学差距，总结经验教训和不足，并找到适合我国农村教育支持绩效评估的有效实施方法。

第一节　国外开展教育绩效评估的背景

　　西方发达国家从 20 世纪 80 年代开始在高校开展绩效评估活动，并逐渐将绩效评估结果作为配置教育资源、加强学校管理的重要依据。绩效评估在西方国家被广泛使用，原因在于绩效评估提供了一种分析和测量组织或系统行为过程以及评估效果的手段。我们可以借鉴国外相关教育绩效评估的实践经验，构建适合我国国情的农村教育支持绩效评估指标体系和评估模型。可见，对国外相关教育绩效评估活动进行深入分析显得十分重要。

一、西方国家开展绩效评估的动因

　　在高等教育管理中，尚未实现以绩效评估为主体的管理模式，特别是在支持教与学方面。很多高等教育机构精心设计的绩效任务是专门用于测评学生在众多学科的学习目标中掌握和运用知识的能力水平证据。与此同时，在美国很多地区的高等教育机构出现了一些情况，要求扩大标准化评估的使用，以便于各高等教育机构之间进行比较。

（一）公共管理范式发生变化

在20世纪80年代，西方国家政府一直鼓励采用和实施公共部门组织绩效评估的方法，其目的是让接受公共资金的组织对提供资金的组织负责。近几十年来，高等教育部门也不例外地过多依赖公共资金，同时高等教育机构也必须参与竞争资源，不仅与其他机构合作，而且必须与高等教育机构的其他管理部门合作，并要求对提高效率和资金价值做出回应。

长期以来，政府建议采用量化绩效指标体系的方式作为提高效率的手段，同时构建一系列业绩指标体系，供各院校使用以及对各院校之间的产出结果进行比较，其中包括投入和产出。事实上，自从1987年首次尝试研究对大学的绩效表现进行评估以来，政府提供用于研究目的的资源都是根据获得最高评级以及获得最高资金资助的大学来分配的。国际高等教育院校在政府工作资源配置中的表现能力日益重要，这就突显出构建有效的绩效指标变得十分必要。若不积极构建绩效指标体系，必然会导致资金的次优分配不均。因此，构建和解释教育绩效评估体系是本书的主题，如何使用绩效指标做好资源分配的问题本身也值得讨论。

绩效指标受欢迎的原因有以下几点：一是社会需要检验高等教育投资是否"物有所值"。第二次世界大战后，高等教育规模急剧扩张，欧美各国的高等教育学校对政府分配的公共教育经费依赖程度越来越高。总的来说，全球经济危机对西方高等教育的影响主要体现在政府拨款减少、信贷紧缩和捐款减少等几个方面，而且部分公众逐步开始怀疑高等教育资金增加的"合法性"。公众和高等教育工作者也开始要求检验高等教育管理的质量和效率以及检验公共资源的投入是否"物有所值"，同时要求高等学校对经济发展的需要负责。二是需要用科学高效的评价工具来检验高等教育管理质量和产出结果。在构建绩效评价指标体系之前，并不是欧美国家的高等教育没有评估的概念，也不是没有被公众认可的评估方法。然而，过去的评估方法，如"排名"和"校外同行"，往往是带有主观性或缺乏适用性的评估方法。虽然绩效指标体系在结构和具体指标上可能有所不同，但这种评估方法是对高等教育机构活动过程和性质的权威评价。高等教育外部环境、投入、产出等多类指标已被纳入绩效指标评估体系，而这些指标可对高等教育机构投入、产出、运作三者之间的关系进行综合分析、比较和评价，并且满足了评价的可比性和可操作性。三是由于高等教育院校实行高效管理和与外界沟通需要进行产出。张民选在《绩效指标体系为何盛行欧美澳》一文中对绩效指标体系评论道："管理机构和组织需要一个使信息简单明了的绩效指标体系。"无论是事业单位的部门负责人，还是教育行政部门的负责人或资助机构的负责人都需要掌握准确、完整和简明的数据信息，才能做出正确的判断和决策。构建绩效指标体系的研究者应从一开始就致力于研发一种比文字简洁、与一般研究数字相比较更具有对比价值的信息处理方法，并尽量使用"序数法""基数法""绝对值"和"相对值"来衡量高等教育机构的办学数量和质量。一般而言，报告中的数字呈现比文字更能形象地反映结果，且便于管理者分析、整理和比较结果。这正是高校管理者和教育行政部门所期待的绩效评价模型。

（二）教育绩效评估促进办学质量提高

高等教育绩效评估模式已得到政府相关部门的认可，各事业单位通过绩效标准体系创新了行政管理模式以及收获了一系列的产出成果，而绩效评估恰恰证实和强调了这种成果的价值导向，同时提升了高等教育机构的责任感和服务质量。

绩效评估模式最初被质疑是因为其缺乏基本的立法基础，许多高校会考虑到被剥夺行政管理的自主权，并且耗费过多的精力。然而，根据经济合作与发展组织（OECD）15个成员国的研究成果表明，"绩效评估体系在西方国家得到广泛应用以及逐渐被高校所认可，这是国家之间相互学习以及受到其他高等教育权威机构导向影响的结果"。以英国为例，超过40家参与机构在开放大学实行院系绩效评级的影响下，参考试用了绩效模型。由于高等教育机构自身已意识到绩效机制在一定程度上可以提高教学效率和学习效果，当绩效机制趋于合理化时，能够全面影响员工和部门层级的工作积极性，因此高等教育机构开展绩效评估具有一定的内在监督作用。

众多高校积极构建绩效评估指标体系的第二个重要原因在于运用有价值的指标体系是得到公众认可的一种工具，同时还能帮助高校与外部世界加强对话，并积极向主管部门、政府、同行和纳税人报告学校的办学效益。例如，英国沃瑞克大学最初是一所成立于20世纪60年代的大学，在20世纪70年代其学校的办学条件、师资力量和政府资助都处于劣势状态，但学校后来采用明智的发展策略使其成为继牛津、剑桥和伦敦帝国理工学院之后的又一所英国著名大学。在这个过程中，沃瑞克大学构建的绩效指标体系给学校管理工作带来了很大的帮助。它以公众认可的方式向英国大学、政府和社会同行展示了高校低投入、高产出的办学特点。向世界展示了它从应用学科出发,加强与行业的合作,迅速进入新兴技术领域的发展轨道,并且还通过提供稀缺的项目、资金、师资、优质学生和声誉为沃瑞克大学添砖加瓦。英国学者马丁·凯夫(Martin Cave)等人在深入研究绩效指标概念的基础上进行了总结性的描述。他们认为,绩效指标是一种官方的衡量工具,通常以序数或基数的量化形式来衡量大学活动的特征。这种衡量方式可以是绝对的,也可以是相对的;它包括固定性、机械性的过程,也包括非正式的评价流程,如同行评审或声誉排名。因此,公众倾向于从更广泛的意义上理解绩效指标,而不是将其限制在一个狭小的定义中。

二、绩效评估的定义与绩效评估指标的发展史

(一)绩效评估的定义

绩效评估被定义为一个正式的和富有成效的活动程序,以衡量员工的工作和基于其工作职责的结果成效。该种方法是用来衡量一个员工在增加业务收入方面的价值量,与行业标准和整体员工投资回报率(ROI)之间的比例关系。所有组织在学习"从内部取胜"的方法时,可通过从内部关系中关注员工的动态行为表现,并依靠一个系统的绩效评估过程来定期考核和评估员工的工作成效。在理想情况下,组织员工每年都会在其工作考核周期接受绩效考核,并以打分的形式从考核结果上来评定员工可获得职位提升和适当分配加薪的机会。绩效评估的方法在定期向员工提供工作成绩的反馈信息方面发挥了直接作用,这样员工在绩效指标方面就会增强自身的改进意识。

(二)绩效评估指标的发展史

绩效指标是目前较为流行的概念。近年来,教育界已充分了解到,教育部和国家科技统计处一直在调查绩效指标的使用情况,同时一些地方教育行政部门已经在对部分绩效指标进行试验。从本质上来讲,随机抽样衡量整体效果的想法比较简单,即用一些衡量标准的样本去判断一所学校的总体办学质量。然而,制定这些评估措施是因为教师、家长和教育管理者都知道,一所学校可能处在一个非常复杂的环境中,构建面面俱到的绩效考核指标体系显得不够现实,而过去采取的方式往往是需要评价团队成员来定期进行考核评估,甚至将其作为长期的研究项目,以至于评价一个特定学校的质量好坏需要长时间的观察和考核,评估任务的实践周期过长导致评估结果失去一定的时效性。

在某些方面，评价一所学校办学质量好坏的复杂性似乎与常理背道而驰。但这种所谓普便认可的观点可以理解为，学校办学质量的好坏程度可以通过考试成绩结果、观察学生进入社会的言行举止和以访谈家长的形式来评估。但矛盾的是，这三个简单绩效指标中的每个层级指标都缺乏清晰的衡量标准。正因为如此，评估一所学校办学是否成功，并不是倾向于是否招收了优质的学生，通常情况下要实现招收优质学生是非常困难的事情。目前，较为具体且复杂的表现指标体系正在研究中。OECD 专为讨论教育绩效指标召开的国际会议是国际相关领域代表对业绩指标考核管理方式的肯定和认可。1987 年 11 月在华盛顿举行的会议的相关报告说明，该研究领域的发展潜力和将要面临的困难。这次会议是 OECD 教育委员会组织开展的提高教育质量计划的分会场。最初，此次会议被视为少数国家对教育绩效指标评估有类似意向的一个交流机会，但因为很多国家已认识到教育绩效评估的重要性，使该次会议变成了较为重大的学术交流会议，由此证明教育绩效指标的构建已成为各个国家教育界研究的热点问题。

从实际应用的角度来看，世界各国教育界对教育绩效指标的这种关注度并不意味着所有国家的高等教育机构对其用途都有相同的看法，也不是所有出席会议的国家代表都赞同使用教育绩效指标衡量办学质量应是当前的优先事项。然而，无论优先次序如何排列，各国代表普遍认同的观点是，自从世界各国开始重新重视教育的高效发展，这无疑给教育管理者带来了巨大的压力，并要求教育机构提供关于教育运作情况的详细推进信息。因此，在许多方面，教育绩效评价都与提高教育质量和加强学校的公共责任机制目标息息相关。

在历史发展的背景和前提下，法国、英国、荷兰、德国、澳大利亚和美国等国家的州政府都主动开展了高等教育绩效评估工作。只是不同国家的高等教育机构构建的绩效目标体系也不尽相同，部分国家采取了比较激进的绩效评价模式，有的国家则采取了比较保守的绩效评价模式。同时，采取综合绩效评价模式和专项绩效评价模式都是由各国教育机构根据自身所处的环境决定的。此外，评价结果是否与经费的拨付相结合以及结合的紧密程度体现与否，这都旨在平衡高等教育的责任与声誉。与此同时，在高校的自主权和履行的责任之间，以及在政府干预和市场监管之间，已经达到了一定程度的平衡。

（三）完善绩效指标分类

绩效指标的分类是构建和应用绩效指标的基础，同时也提出了绩效指标需要深入研究的需求。绩效指标分类是随环境的变化而不断完善改进的。

1985年，英国的贾特报告（Jarratt Report）将绩效指标分为内部指标、外部指标和执行指标。其中，内部指标反映了学校的特点；外部指标反映了学校教学设置对社会经济的适应性；执行指标主要是指教育工作运行的"生产力"，如运行成本、教学人员工作量、图书馆设备利用率等。

碰巧的是，英国在设计高等教育指标方面的经验强调了教职工与学生（或学时）的比率以及对研究和教学的投入是提高办学效率的两个重要方面，同时也体现了一些更具创新性的特点，为其他指标的设置提供了有效信息。但由于英国教育体系中各院校之间存在着巨大的差异，所以教育目标、背景和结果也有所不同。英国各高等教育机构之间的这种相对一致性，再加上集中的融资体系，意味着机构绩效的可比性指标在机构融资决策中发挥着重要作用。自20世纪80年代中期以来，英国各高等教育机构与国家政府（主要资金来源）签订了年度合同协议，这些合同的签订是基于业绩的供资协议，国家制定的指标体系在供资决策中发挥着核心作用。同行审查也是该系统的一个组成部分，但指标体系在很大程度上会依赖于计量专家和政策制定者的关注。1986年，英国各高等教育机构由大学校长协会和大学教育资助委员会联合工作组制定了具有一定影响力的绩效指标分类。该联合小组将绩效指标分为投入指标、过程指标、产出指标三大类。其中，投入指标主要是指高校可利用的资源、人力和资金，是对当前高校办学状况的描述。过程指标是指办学活动中的资源利用率、管理行为和组织运行情况。产出指标是指高校最终通过办学活动取得了哪些成绩和产出。这种指标分类更加全面地反映了学校办学的各个方面的情况，并具有更深远的意义。

事实上，高校除了投入指标、过程指标和产出指标可反映变量的投入、过程和产出，还可能存在部分位居重要位置的背景变量，如设备捐赠、高校地理位置、学生素质等，综合这些变量才能全面地评估学校管理绩效。根据管理的概念，反映这些变量的指标可以分为三类，即经济指标、效益指标和效率指标。其中，经济指标侧重于将实际投入与所指定的投入目标进行比较，从而衡量投入的节约程度，避免成本过高；效率指标侧重于产出和投入的比较，通常以现实的结果和现实的投入来对资源的使用情况进行考察，追求成本最小化；效益指标主要是测量政策设定的目标实现与否，从而实现评估工作的有效性，追求目标的实现。经济、效率和效益（俗称"3E"）涉及办学的方方面面，从学校教育投入、过程和产出各要素与"3E"之间的关系来看，投入指标与经济关联更大，过程指标与效率联系更紧密，而产出指标与效益联系更密切。

从实际应用的角度来看，学生的平均成本、学生与教师的比例等绩效指标更多地用于评估办学效率,而不是评价办学效益。然而,由于两者之间的密切关系,也可理解为如果学校运行具有效益,那必然可证明学校管理是有效率的,因此,这种替代关系在现实实践中具有一定的合理性。

在这一历史背景和前提下,德国、美国、法国、英国、澳大利亚和荷兰等联邦制国家都陆续启动了高等教育绩效评估工作。不同国家采用的绩效评估目标体系也不尽相同。在绩效评估模式上,每个国家根据自身的发展状况,分别采用了激进、保守、综合及专项等不同的绩效评估模式,同时评估结果与资金使用情况结合与否、结合的程度是否紧密,其目的都是平衡教育的责任与信誉,并力求在学校自治与责任绩效、政府干预与市场调节之间达到平衡的状态。

第二节 欧洲国家开展教育绩效评估的实践

绩效评估侧重于未来的绩效规划和改进,而不是回顾性绩效评估。其功能是一个连续和进化的过程,在这个过程中,职能会随着时间的推移而提高,并为管理者和个人就绩效发展需求进行定期对话提供实施基础。在这种情况下,国外高校越来越多地实施评估系统,目的在于不断提高教学和研究质量。本节主要介绍英国、法国、德国等国家实施的教育绩效评估模式。

一、英国开展教育绩效评估的实践

英国在制定绩效指标和设计指标实用管理技术方面处于世界领先地位。

(一)评估绩效:生产理论方法

在评估任何组织的绩效时,必须认识并考虑到这样一个事实,即所产出中至少有一些存在的差异是可用投入数量和质量变化的结果来测量的。生产理论的目的是为研究组织的投入和产出之间的关系提供一个有用的框架,在这个框架内可以开发一种测量方法评估高等教育机构的绩效。评估这种关系需要三个主要步骤:

一是以定量的方式说明组织的产出;

二是以定量的方式定义组织的投入,以选择适当的技术来评估投入和产出之间的关系;

三是采用适合组织发展的经济计量模型,计算出投入和产出之间的比例关系,并帮助预测各部门的投入量和产出量。

有许多学者试图明确大学的产出目标以及为实现这些目标而使用的投入。首先来看，大学的产出可大致分为以下几类：教学活动产出、研究活动产出、咨询产出、文化和社会产出。然而，这些产出的定量规格说明更具争议性，必须以数据可用性为指导。在英国，数据加密标准（DES）就此问题发表了以下声明："高等教育的学术水平和教学质量是需要根据学生的成绩来判断的。授予学位的数量和班级分布提供了一些衡量标准，相反，未完成率也会提供一些衡量标准。学生毕业后的就业类型分布在某种程度上体现了经历高等教育这门职业生涯教育课程是否具有一定的价值性。因此，反映大学毕业生的就业能力和学生的学业成功（或失败）的变量是衡量该高校教学活动产出的有效指标。"目前，英国定期对高等教育机构内各部门的研究活动成果进行评级。

高校使用的投入可分为以下几类：原材料、劳工服务、人力资本服务、实物资本服务、消耗品、体制特征、环境因素。不可避免地，这些投入的任何定量测量都必须以数据可用性为指导。一般情况下，所选择的任何衡量标准都应在适当的情况下反映投入的定性和定量指标。

一旦产出和投入以定量的方式确定，生产函数方法要求必须将注意力转向对两者之间关系的评估。假设高校部门的产出是独立产生的（英国高等教育部门的教学和科研采用单独资助机制支持这一假设），多元回归分析是确定一组输入值的有效方法，解释了特定输出度量中变化的最大比例。此外，多元回归分析还具有另一个优势，即估计的生产函数可用于计算"目标"产出水平，高校在给定其特定的投入阵列的情况下，可预估产出水平。随后，通过比较实际产出值和预测产出值来评估单个机构的绩效。

（二）构建高等教育绩效评估指标体系

绩效评价的合理性和有效性是由高校绩效指标的设计原则直接决定的。英国校长协会及大学教育资助委员会编制的《英国大学管理统计和绩效指标体系》，遵循了以下六项设计原则。

一是指标体系设计应与大学办学目标紧密相关，特别是与教学、科研目标相联系；

二是指标应具体化、可量化，便于比较；

三是指标应定义明确，简明扼要，便于理解；

四是指标应具有长期性、指导性，避免偏见；

五是指标应具有可运用性，及时反映运行中出现的问题；

六是指标应具备可操作性，能系统地反映高校投入、活动过程及产出的各种情况。

根据上述原则,工作组在 1987 年的第二次报告中删除了一些难以直接获取的指标,最终将英国大学的管理统计和绩效指标体系公布为 39 个指标,其中大部分是可以直接获取的财务指标数据,如表 2-1 所示。

表 2-1 英国大学管理统计和绩效指标体系

序号	指标	序号	指标
1	人均学生费用	21	计算机服务费用占一般费用的比例
2	人均教学人员费用	22	计算机服务人员费用占计算机服务费用的比例
3	人均教学人员的辅助人员费用	23	人均学生计算机服务费用
4	人均教学人员的设备费用	24	人均学生计算机服务人员费用
5	人均科研收入	25	房地产费用占总的一般费用的比例
6	科研研究生占学生的比例	26	房地产人员费用占房地产费用的比例
7	教学研究生占学生的比例	27	取暖水电费用占总的一般费用的比例
8	所有研究生占学生的比例	28	清洁和保管服务费用占总的一般费用的比例
9	学生与教学人员的比例	29	修理和维护费用占总的一般费用的比例
10	学校管理费用占拨款总费用的比例	30	电话费用占总的一般费用的比例
11	学校管理人员费用占学校管理费用的比例	31	人均学生房地产费用
12	人均学生学校管理费用	32	人均学生房地产人员费用
13	人均教学人员学校管理费用	33	人均学生取暖水电费用
14	图书馆费用占一般费用的比例	34	人均学生清洁和保管服务费用
15	图书费用占图书馆费用的比例	35	人均学生修理和维护费用
16	图书馆人员费用占图书馆费用的比例	36	人均学生电话费用
17	人均学生的图书馆费用	37	人均学生就业指导费用
18	人均教学人员的图书馆费用	38	人均学生学生会和社团费用
19	人均学生图书的费用	39	六个月后毕业生的就业率
20	人均学生期刊的费用	—	

注:人均学生和人均教学人员分别指全日制等值学生和全日制等值教学人员。

凯夫等人通过对英国实践经验的总结,提出了七条绩效指标的设计准则,这些准则是基于以下七个方面的要求而设计的。

①指标分类。指标是衡量投入、运行过程、产出结果的定量名称，也是对某种性质的数据反映。

②相关性。指标在多大程度上与高校绩效某一目标的活动关联性较强，是否存在负相关关系。

③清晰性。指标是否能清楚地反映一个活动过程的质量和价值的高低，不可含糊不清。例如：生均成本高可视为浪费，也可以视为质量高，但需要与其他指标合作。

④人为性。指标是否会受到人为因素的影响。

⑤数据的可比较性。指标是否能用数据来进行比较。

⑥统计的层次性。指标需适用于系院、行政部门、学科、学校、个人或者适用于整个教育系统，每个指标具有可适用的目标层。

⑦与其他指标的关联性。由于评估某一活动的绩效需要构建多项指标体系，故指标的功能、局限及与其他指标发生的关联性须说明清楚。

（三）英国高等教育绩效评估案例——科研经费绩效拨款

20世纪70年代的石油危机导致英国经济受到了严重的影响，公共财政收入明显缩减。政府针对减少财政支出的问题采取了一系列措施，高等教育经费拨款不可避免地受到了严重的打击。政府愿意承担高等教育费用的能力逐渐削弱，随着高等教育规模扩大的需求不断增加，最终导致了财政经费拨款紧张的局面。

双重资助制度是英国大学科研资助体制中最突出的特点之一。英国科研经费分为一般科研经费和具体科研项目经费。一般科研经费用于补助大学研究人员和辅助人员的时间工资，实验室建设、图书馆配置、计算机中心和研究活动所需的其他设施和日常费用等。在英国，该笔费用主要是由高等教育基金委员会资助的。

1. 科研评价目的

一方面，科研评价可以监督高校的科研质量；另一方面，其评估结果是高等教育基金委员会分配经费的主要依据。在20世纪80年代中期以前，研究委员会的科研经费拨款一直是递增的节奏，与绩效无关。20世纪90年代初期以后，经费分配方式变为竞争性优先拨款，英国高校实施科研评价活动RAE（Research

Assessment Exercise)的结果为经费拨款提供了重要依据。英国高校实施科研评价活动的主要目的是评价高校各学科的科研质量,为科研经费拨款提供可靠的依据以及为制定高等教育科研管理办法提供有效信息。其最终目的在于提高科研质量和增强英国科研能力的国际竞争力。

2. 评价标准

为了实现评价的公平性,英国高等教育基金委员会每年都会对评价标准有所调整。以2008年为例,如表2-2所示:

表2-2　2008年英国科研评价活动标准一览表

等级	科研成果评价描述	参与评估机构所占比例/%
4*	在创新性、重要性和精确性方面达到了世界领先水平	17
3*	在创新性、重要性和精确性方面达到了国际较高水平,但在个别方面未达到最高标准	37
2*	在创新性、重要性和精确性方面达到了世界水平	33
1*	在创新性、重要性和精确性方面达到了国内水平	11
0	质量尚未达到国内水平,或提交成果不符合本次评价的相关规定	2

2008年度评估组由15个主评估组和67个子级评估组组成。子级评估组成员由主评估组领导。主要评审小组的成员由学术界和其他专业协会组织提名。各评估组成员要求在本学术领域及更广泛领域具有较高水平的科研经验,熟悉科研成果使用者的需求。评估小组成员最终由高等教育基金委员会任命,副评审员也需在专业学科领域具备较高水平的专业知识。

3. 评价限制

高等教育机构每位科研人员至少具备四分质量标准的科研成果才能获得财政拨款。

4. 评价内容

某些高校坚持使用以专业划分的方式,在参与评估的过程中,通常一个评估小组负责一个评估单位。由上届评审委员选出本届的评审委员会主席,通过高校、学会和科研成果使用单位推荐成员,并由高等教育拨款委员会最终决定。随后,再由评审委员会主席起草，最后由高等教育资助委员会决定。评审小组主要是通过同行专家评审机制来开展活动。例如，2008年英国高校进行科研质量评价活动，共设有15个主要的评价小组和67个子评价小组开展评估工作。与以往的评估工作相比，本次评估工作的评审标准更加明确，对应用研究、实践研究和跨学科研究的评估更加恰当，并获得了广泛的认可和好评。

5. 评价结果

在科研评估结束之后，质量评估团队需要根据评估过程和结果形成一份质量分析报告并向公众公布。

二、德国开展教育绩效评估的实践

20世纪80年代末，受美国等国家对高等教育评估形势的影响，德国开始着手研究高等教育评估。究其原因，主要是德国高等教育管理体系僵化、总体教育水平低下，丧失了教育的活力。在这样的历史背景下，德国于1998年修订了《高等教育总纲法》，界定了高等教育学校的教学和科研评价标准，从而确立了评价在法律上的地位："高等教育学校在教学、科研工作、教师培训和人员聘任等方面应当定期接受评估，并将结果向社会公开。"

随后，在各州文化（教育）部和州际间机构（如各州文化教育部长联席会议、大学校长联合会、科学协会和联邦与州教育规划委员会）的督导下，高等教育评估工作已通过各种组织形式顺利开展。如成立学校联合协会、联邦和州教育规划委员会、大学发展促进中心和大学信息系统组织积极开展学术活动、模式测试和项目组合（如高等教育质量保证计划），以保证各州内部使用高等教育评估的有效管理手段，并使该方式在联邦层次上得到大力推广。

德国在改善高等教育管理的道路上逐步把评估与拨款挂钩。就高等教育经费采取公式拨款的方式而言，是由预算程序和谈判的结果所决定的，但这一决定被批评为缺乏透明度、竞争性和激励的评估原则。因此，与管理体制改革一样，德国也在探索高等教育经费分配的新途径，其基本趋势是由单一预算向一揽子预算发展。资助方式是公式化资助和绩效资助并存的发展方向。特别是科学研究经费拨款是通过竞争性评估的方式来择优的。

近期的研究表明，部分州正在使用合同拨款的方式来资助高等教育机构，并将其作为以绩效为基础的预算方法。有的州政府考虑引入竞争机制，实现政府资助与大学教学科研绩效相互结合的方式，同时将大学绩效目标与政府的宏观发展战略挂钩,增加资助的灵活性。这种方式无疑是把资助资金划分为基本部分和增量部分,并根据评估的结果逐年增加比例。经费资助的具体参考指标为教学、科研和学生素质。

基于 73 所德国公立大学的独特数据集,采用数据包络分析法(DEA)的非参数方法计算这些非营利组织的相对效率作为衡量绩效的指标。研究表明,大学的战略定位不同,产出的效率也会不同。教学比研究更重要,自然科学也比社会科学更重要。从结果上来看,德国的大学在效率水平和潜在影响方面存在差异。效率似乎不仅受到大学特征或环境因素的影响,还会受到关注社会科学与自然科学的战略变量的影响。政策制定者可以通过增加对效率更高的大学的激励和奖励来支持这种战略效应。通过运用竞争机制来解决高等教育机构中无差别的、竞争力较低的部门低效率的问题。大学竞争力的提高不仅可以增强学术研究氛围,提高毕业生的质量和增加产出数量,而且还有助于增强德国大学和企业的长期合作,提升德国大学的国际竞争力以及企业的创新能力。

三、法国开展教育绩效评估的实践

法国高等教育的资金来源主要是以国家投资为主要方向,其质量评估工作长期由国家主持及倡导。多年来,法国不断对高等教育评估机构进行调整和完善,试图建立一个更公平、合理、可信,同时让政府、社会和大学满意的评估机制。法国是高等教育发源地之一,也是世界上最发达的高等教育国家之一,一直以来都在积极探索高等教育质量评估。高等教育表现突出的国家具有的共同特征:国家是高等教育的主要投入者,国家对大学校长的任命和教师的聘用全权负责。法国的高等教育管理体制与北美有所不同,但与中国的高等教育管理体制存在相似之处,并为我国高等教育的发展和高等教育绩效评估提供了参照的范本。法国高等教育外部质量评估机制是在法国高等教育"学术自主"的历史传统和法国高等教育改革浪潮中的"责任与效率"的推动下逐步完善的。同时,该评估机制为政府、高等教育评估机构和高等教育机构之间形成相互合作的关系构建了考核指标体系。

(一)法国高等教育评估机构设置和运行机制

法国前总统密特朗在 1984 年正式宣布成立国家评估委员会,并于 1985 年正式运行,这一举动证实了法国已初步建立了高等教育质量评估机制。在《高等教育法》第六十五条中规定:国家评估委员会的主要职责是评估各高校完成办学目标任务的基本情况；评估各高校及执行内容的效率；这一职责的落实可以帮助各高校提高学校的运行机制以及教学与科研质量的效益，最重要的是可提前规划高等教育的布局和招生的方向。1987年7月颁布的有关法律明确规定，国家评估委员会属于独立的国家行政机关和咨询机构，享受国家财政单独预算拨款，可直接向国家总统汇报工作情况，并与总统、教育部长及其他行政机构相对独立。该机构现由25名成员组成，统一由法国总统任命，任期为4年。选拔范围是向全国范围征集，标准极其严格，同时1名执行主管和24名行政管理人员由教育部长提名，职责为数据收集和后勤服务。国家评估委员会每8年对法国高校进行一次评估，每次需要完成20项评估项目，具体内容由委员会指定。

（二）法国高等教育绩效评估的特点

1. 评估机构呈现多元化的趋势

法国成立了多种质量评估机构，而每个机构负责评估的对象、内容以及目的都不相同。

2. 评估目的具有外在性

法国高等教育绩效评估的侧重点是对各高校科研资助费用的使用情况和办学水平进行监控，这是法国高等教育发展蓬勃的原因所在。法国提倡高等教育的培养方案应适应社会经济发展的趋势，同时需要满足政府、社会的需求，而评估委员会需要做的是把消费者的需求摆在首位，这正可证明供给与需求的关联性促进了评估工作的发展。

3. 评估方法具有外控性

虽然法国成立了高校评估委员会、国家高等教育研究委员会、国家工程师职称评定委员会等评估机构，但这些评估机构都只是配合国家评估委员会的工作安排，外部评估才是评估工作的主体。法国总统府要求对高等教育实行严密的控制，并对高校专业的设置、教师的录取条件、学位的设定、系院的设置等内容做出了详细的规定，各高校必须严格执行。

4. 严格化的评估过程

目前在法国使用的评价标准和指标体系是1986年初国家评价委员会和法国大学校长联席会议合作制定的，并在1994年得以修订。在评估过程中，采取了政府指导下的外部评估以及高校自我评估和元评价共存的方式。同时,通过在时间上严格把控,将周期定为8年。

5. 公开评估结果

评审委员会专家出具的报告具有保密性,但评审结果是需要公开的,由评审委员会负责公布和解释,并承担相应的责任。学校校长的意见应在评估报告的末尾公布。评估结果的最终目的是帮助被评估者提高工作效率。各机构和评估小组的不同意见可以反映在最终形成的报告中。评价结果的公开,不仅对国家、企业、社会、金融机构和基金会负责,还能帮助和引导学校进一步改进工作方式,为学校发展长远规划以及制定相应的配套政策提供参考,并且全社会可对教育体系进行有效的监督。

第三节 亚太地区国家开展教育绩效评估的实践

教育支持是世界关注的主要问题之一。联合国在新千年之初制定了千年发展计划,到2015年全球绝对贫困人口减少一半的首要目标是教育支持工作的重点内容。2018年10月,世界银行在两年一期的有关贫困问题的报告中表示,2015年全世界有19亿人每天的生活费低于3.2美元,占人口总数的26.2%。世界人口近46%每天生活费低于5.5美元。在2013至2015年间,全球贫困人口总数整体减少了6800多万人。其中,极度贫困人口(每天生活费低于1.9美元)的比例已从1990年的36%大幅下降到2015年的10%。报告指出,由于中国崛起,东亚与太平洋地区贫困人口比例已锐减。在过去的30余年里,东南亚国家保持了稳定快速的经济增长速度,各国实施的反贫困战略在很大程度上减少了贫困人口数量。因此,以现代经济增长、收入分配和教育相关理论为基础,并借鉴联合国"千年发展目标",加快发展东南亚七国(柬埔寨、印度尼西亚、老挝、马来西亚、菲律宾、泰国和越南)的经济收入,为巩固脱贫打好基础。

一、越南教育工作绩效评估

(一)越南实施教育绩效评估的措施

教育绩效评估问题已成为未来关注重要的问题,近几年来,越南从五个方面采取行动实施教育支持计划,每一个方面都对国家实施这一计划产生一系列影响。

一是制定国家级课程体系。这将使机构间和校际的比较（至少是考试分数）更容易并且更有意义。个别学校能够选择将多少资源相对地投入教育服务的不同方向，如各种类型的考级和考试。针对各学校的不同绩效表现进行比较，仍然需要考虑不同学校强调的一系列重点课程内容。

二是对儿童进行定期的"测试"。这将为后期阶段的考试成绩评估提供更详细的"输入"数据，并使早期阶段对量化成绩评估的实施更加公开化。

三是引入"教师考核"制度。教师绩效评估能为更科学地配置教学资源提供相应的数据基础，以达到利用优势和回避劣势为考核的主要目的。

四是鼓励将预算控制权下放给学校。预算控制权下放给学校层面的前提是需要监测学校决策者在稀缺资源分配给教育目标实现方面的具体表现和效率。

五是在择校时给予家长更多的选择。这可能会使学校之间产生更直接的竞争，并突出"如何选择"的问题。但也有可能将注意力集中在正在选择的方向上。中等教育的目标包括审美和道德问题以及考试成绩。学校更希望实现的是，善于利用与公众期望结果相关的资源对学校教学目标进行调整和完善。

综上所述，绩效评估将成为未来几年教育管理的一个现实问题。适当地采取绩效评估方式对学生、教师及学校进行考核显得十分重要。当然，学校可能会辩称现有资源不足，假如国家能给予更多的资源，学校必然可以取得更多的成果。而政府需要考虑的则是以最有效的方式实现现有资源的优化配置。

（二）越南公立学校在教育系统中的作用

公立学校是由国家财政投入的国有培训机构，在每所公立学校的基本建设范围内，拨款建设教室、图书馆、工作室等。运营过程中的所有费用（工资、津贴、办公用品、固定资产购置）也主要来自国家预算拨款。因此，公立学校的组织结构、管理和服务机构、工资和奖金必须遵守国家主管机构的管理制度。

公立学校系统在整个教育过程中发挥着重要作用，提供了经济范畴之外的福利。这种福利不仅限于个体从业者，同时整个社会也会享受到此类福利。因此，国家在公共教育体系建设中的作用非常重要。随着国家预算用于开办学校、建设设施和资助定期活动，公立学校系统承担了国家工业化和现代化创造高素质人力资源的主要责任。这种责任体现在很多方面，从构建监管机制到赞助皆有所体现。尽管干预的方式不同，但这种干预的性质和形式取决于每个国家的教育理念。各省创建了公办学校制度，保障了学生学习的参与权。同时，通过构建公共教育培训体系，国家能够实时监控培训质量，并根据国民经济的发展方向调整职业结构。

（三）教育培训投资政策现状

近年来，越南政府一直高度重视教育和培训，并优先从国家预算中投入大量的资源资助相关教育和培训活动。越南每年的教育预算支出约相当于 GDP 的 5%。随着社会经济发展的持续增长，国家预算对教育的投资总是高于上一年。从 2016 年到 2020 年的 5 年间，国家教育经常性支出预算比上一个 5 年增长了 32.2%。2016 年，用于学术培训和职业培训的国家预算为 195.6 万亿越南盾。到 2020 年，国家预算预计支出为 258.7 万亿越南盾。越南的公共教育支出与当年 GDP 的比例同世界很多国家相比不相上下，甚至与同一地区经济发展水平高于本国的一些其他国家相比，其资助比例也很可观。除了取得一系列阶段性的成绩以外，越南在教育和培训方面的投资政策依然存在局限和不足。教育和培训的不合理投资结构主要反映在教育支出结构、教育支出方式、每个教育层级的支出内容以及每个教育层级的职业规划上。

在教育和培训支出结构中，对教育层级结构的投资不成比例。国家高等教育的预算仍然有限，占教育总预算的 19%，且只占小学教育预算的一半。按受教育的层级划分，学前教育和普通教育支出约占教育总支出的 70%，初等教育支出占各级教育总预算支出的 33% 左右。国家预算高等教育支出基本占总支出的 20%。然而，由于众多客观因素的影响，国家预算支出总额有限，主要体现在以下两个方面：第一，通识教育的规模（通识教育机构的数量以及教师或学生的数量）较大，国家将其预算的很大一部分用于通识教育；第二，由于高等教育有更高财政自主权的条件，因此国家对高等教育的预算支出更为有限，并未实现多样化的管理方式。这导致财政自主机制难以实施，国家预算仍需支付大量公立大学的经常性运营费用。

各种教育福利表明，教育水平的高低对越南脱贫具有显著的影响。在越南以前的一些研究报告中提到，长期收入水平低和失学的小学适龄儿童数量之间存在高度的重叠关系。因此，基于教育的可持续发展目标，可以选取两个指标来确定教育维度：成人学生的平均学习成绩和儿童的入学率。为了更好地了解越南公立学校系统的运营绩效，在一项关于绩效评估的研究中，研究学者选择了 89 所公立大学，并应用了一个研究模型，包括聚类分析、方差分析和 R 语言新复极差法进行事后检验，检验的标准通常有全职教师、非学术人员、培训与科研建设用途、科研与技术转移活动、国际学术论文、学生人数、最近一年毕业学生的人数、每年就业人数比例、学费收入以及科学研究或技术转让收入。该绩效评估模型分析旨在支持国家公立大学实施公共教育管理机制中有关绩效评价教育政策的指标体系，这一评价结果有助于管理委员会制定具体而合理的政策，为公立大学合理分配资金。此外，大学还会定期组织评估其培训能力。若培训机构存在薄弱的环节，还需要进一步帮助其升级和改进，以提供最佳教育发展活动为最终目的。

二、马来西亚教师教育绩效评估

2009 年，马来西亚对国内三所教师教育学院实施了教师绩效评估（TPA）。本部分内容主要讨论马来西亚负责小学毕业生专职教师的绩效考评。其调查的重点是职前教师对绩效评估的看法以及学校是否为职前教师提供了专业学习和专业实践的机会，并将此过程全部记录在案。马来西亚的教师绩效评估之所以能成功完成，是因为马来西亚讲师和职前教师以及职前教师和课堂教师之间形成了一种默契合作的关系，同时也与教师之间相互支持和配合密切相关。总体而言，教师绩效评估确实为职前教师提供了一个学习的机会，让教师在实地工作中关注理论与专业学习之间的关系，并让其成为反思性的教育从业者。

经济全球化的趋势正在影响世界各地的学校和高等教育系统，但这种影响并不总是积极向上的。经济全球化带来了很多挑战，也为跨国界的合作提供了机会。在最坏的情况下，教育项目只是简单地出口到其他国家；但在最好的情况下，跨国界的合作模式可在国内得到有效的实施，提升各国之间合作的国际竞争力。近年来，教育的国际化效应逐步影响到亚太地区。基于世界教育国际化的发展趋势，在中国、韩国、越南、日本和太平洋沿岸其他国家和地区，需要采取一些积极措施来创新学校教育和更新学校的办学资格。

教师绩效评估是一个结构化的组合，旨在为职前教师提供专业学习的机会，并记录教师的专业实践知识水平、学习经历和专业决策能力的过程性材料，这些材料为教师在学校工作提供了有效的参考信息。该项研究考察了职前教师对教师绩效评估的看法以及与其评估目标相关的影响。相关数据的收集可以通过以下三种方式实现：举办开放性论坛（以专题讨论会的形式）、焦点小组和访谈。教师绩效评估作为一项重要举措，不仅对教师教育工作提出了新的挑战，并在充当反思、参与专业学习和形成新的教学认识信念、教师教育者的"言传身教"、创设情境化教学环境、对标准进行及时改进等方面为职前教师实习学校的专业发展提供了一定的启示。

（一）职前教师绩效评估

教师教育项目的价值主要是通过提高教师的教学质量，尤其是以可衡量的标准提高学生学习的能力来判断的。在教师教育项目培训活动中，各国学生学习成果的比较分析通常会用来评价各国教育机构办学质量的好与坏，并根据评价结果对教师教育的专业设置和办学体系施加监管机制。这一监管机制包括标准制定、教师测试、教师准备的评估和认证。因此，学生学习以及教师有效性的衡量标准不会被简化为标准化考试分数的简单比较，教育者和评估者越来越有兴趣构建其他形式的教师绩效评估机制，以更好地反映教学效能，并且可以提供有关能力水平的有效数据，同时还能帮助教师提高工作水平。作为绩效评估的有效反馈，结构化作品集可用来参与最终的评估。这种方式就要求职前教师提交特定的成果作品、相关陈述和职业反思，以响应绩效评估标准化体系。加州教师绩效评估（PACT）是采用这种结构化组合评估的一个经典范例。加州教师绩效评估是一项教师绩效评估活动，旨在检查职前教师的工作计划、教学、评估和反思技能是否符合专业实践标准。该项教师绩效评估活动对标准框架的使用并未采用一种相对孤立的方法，而标准性框架评价在很多教育系统活动中普遍存在，而制定教师专业标准的主要目的是提高教师的专业学习能力和保证教学质量的输出。

结构化组合的评价形式可以通过专业标准来确定，该标准旨在通过真实性评估特定工作环境中教师工作的复杂性，以确定评价主体活动特定背景的性质。真实性评估可称为教学评估中的广泛证据基础，并提倡在一段时间内和不同背景下收集多种证据来源。在执行这一方案时，马来西亚提出了一套国家教师标准，但几乎没有证据表明在实践评价报告之外的活动中使用了国家教师标准规定的绩效评价指标体系。因此，在培养教育学士学位的背景下，马来西亚和澳大利亚的教师教育专家合作研发教师绩效评估的运行机制，运用马来西亚的教师培养标准，并借鉴加州教师绩效评估的规划、指导、评估和改革结构，开发和实施马来西亚教师绩效评估的管理模式。

马来西亚教师绩效评估的任务是规范学校教学行为和加强教师警示教育，并综合反映周期性教与学的真实写照，即课程设置、教学、评估和反思教学序列等几个方面，并且还需要对一系列特定学习成果的课程进行评价。在整个评估过程中，职前教师需要收集和准备成果作品，以及简短的课堂教学片段录像带，作为档案存档并提交评估。此外，课堂主管还需要根据马来西亚教师标准填写每两周一次的反馈表，以此促进职前教师与其课堂主管之间的持续专业对话。但应该指出的是，职前教师在参与本课程学习之前，所具有的专业学习和实践反馈记录与正式参与教师教育培训的学习经历反馈并不相同。同时，用于构建评估组合的标准可设计成为教师间合作工作的一个主要焦点。马来西亚教育工作者作为一个团队，共同完善了教师绩效评估的相关标准，以确保判断马来西亚教师工作效率的基本标准，同时还反映了职前教师工作的文化背景。

（二）评估和决策

目前，教育管理工作强调评估是显而易见的。但每当提到评估一词时，多数人的理解是在特定的学习环境下，根据既定目的，确定相应的目标，建立科学完善的指标体系，通过系统地收集信息和定性、定量分析，依据客观的价值标准，对教育机构和教师个人做出评议和估价的过程。但研究小组普遍认为，教师在评价学生的学习环境和个体学习者时，应结合实际考查学生的学习过程、教师的教学风格是否适合学生、评价教师和学生之间的互动表现，这是教师工作的一个重要方面。很多初任教师对教学复杂性的批判意识逐渐增强，而多数职前教师也认识到加强专业学习是随着教师参与绩效评估活动任务和结果反馈而产生的动力。以教师绩效评估为标准的反馈能帮助教师重新反省和审视教学过程，同时进行自我检查和改进。可见，教师绩效评估对教师自我成长非常有帮助。此外，教师绩效评估可帮助教师进行思考，从而达到提高教学水平的目的。这无疑突出了教师绩效评估作为专业评估工具的价值。很多教师通过参与绩效评估活动不仅使自身形成了评价能力，成为职业的探究者，而且还增强了对教与学的好奇心。同时，教师绩效评估是指导专业决策和不断改进专业实践的宝贵工具。

换个角度来看，教师绩效评估可以为教师和课堂监督员提供专业评估指导的机会，因为增加评价指导的角色可以更好地帮助参考教师绩效评估的考核结果，是否能帮助学生的问题迎刃而解；如果采取这种方式遇到问题，职前教师也可以得到相应的帮助。通过这种考核方式，教师工作过程的证明性材料可由专业评估和反馈意见指导其改进和完善，并有效解决了教学过程中出现的问题，同时部分教师还能对自己的教学方法和过程进行反思。实践表明，教师绩效评估促进了教师专业学习的发展，并且大多数教师没有被课堂上的挑战性问题所吓倒，而是不断地调查、评估和寻求解决方案。在这一绩效评估过程中,不仅展示了教师的自我效能感,也为教师成长发展提供了反思的路径和事实基础。

(三)对职业精神的贡献

教师绩效评估活动为教师队伍提供了一个寻求专业学习的机会。尽管教师绩效评估可作为顶点评估实施,但评估任务和反馈的脚手架性质似乎有助于教师的专业成长和发展。实践表明,教师绩效评估是一种激励人心的干预,因为教师可以看到自己的进步空间会随着时间的推移有据可循。通常,职前教师只会全神贯注于满足开课的要求,但实施教师绩效评估活动有助于减轻学校的压力,并帮助教师适应学校环境。同时,通过循证实践加强了教师的专业学习和自我成长的价值。运用教师绩效评估的管理方式有助于改进校本课程开发中的合作模式。课堂教师的绩效评估活动在推动学校内涵发展、教师专业成长和组织变革的过程中发挥了重要作用,这种推动性的作用潜移默化地影响着整个学校和教师的发展,这种现象在农村学校尤为明显。在很多农村学校中,教师绩效评估活动能够促使学生积极与课堂教师进行专业对话,马来西亚教师标准中的其中一条规定就是要求课堂教师定期反馈与学生课堂互动的真实情况。这一要求足以证明,课堂教师配合绩效评估活动完成考核内容是一件非常有价值的学习经历,因为该体系要求课堂教师对反馈内容进行更深入的思考和反省。在过去的教师评价活动中,讲师的评估报告依赖于对教与学各个方面的数字评分,专业团体只能依靠提高专业学习的能力促使专业发展。农村学校的部分教师代表认为绩效评估的重点不仅是学习如何教的问题,而且需要学习如何与学校其他教师进行有效的合作。教师绩效评估活动为农村教师提供了再学习的机会,使农村地区的教师有机会聚集在一起共同分享教学经验、教学方法、发现问题以及解决问题的方法。在过去,这种类型的学习机会很少出现在农村地区。还值得一提的是,部分教师为了参与此类交流会,不惜从居住地方长途跋涉到达现场,他们十分珍惜与同行讨论工作问题的机会。

教师绩效评估的目的包括两方面:一方面是对教师自身专业知识和技能的客观评价,并提供奖惩依据;另一方面是让教师不断成长,为学生的学习提供决策。马来西亚教师绩效评估被设计成一个结构化的组合考核形式,为职前教师提供了职业准备记录的真实材料。在评估过程中,教师可运用不同类型的知识和技能平衡相互竞争的目标,并在确定评估内容的同时将所学付诸实践,并且根据实际需要灵活调整路线。在这项研究中，职前教师对教师绩效评估机制的认可度总体上是给予肯定的。

教师绩效评估活动除了对职前教师在课堂上专业实践进行真实评价之外，这项活动还表明了教师绩效评估活动的任务似乎可以激励教师进行自我反思。由此可见，这项评估活动不仅仅是教师实践活动的过程性评估。同时，对于很多职前教师来说，绩效评估活动并没有鼓励教师学会自我超越去思考提升教学技术的实际需要。这一发现强调了元认知任务应明确纳入结构化组合的重要性，以便职前教师不仅可以通过增强自我效能感的方式提高教学能力，而且还能明确选择实践教学方式和实现路径的客观理由，同时促使自己对教学和学习的信念进行批判性分析，为后续工作承担更多的责任。当然，实现这种目标可能需要事先在教师教育课程中更加关注这方面的内容。

三、澳大利亚教育绩效评估实践

澳大利亚高等院校是根据各州立法程序设立并依法运作的机构，但政府拨款的 95% 来自联邦政府。可见，高等院校的资金资助主要源于联邦政府。在联邦政府的资助体系中，没有一个类似于高等教育资助委员会的中间机构。教育、培训和青年事务部负责年度资助计划的制定和指导方案的实施，联邦政府下属的高等教育司行使资助职能。联邦政府资助的内容主要包括一揽子拨款和科研经费拨款。其大部分一揽子资助是按照在校学生人数进行拨付的，拨款项目包括经常性拨款、基础性建设拨款、按在校学生人数计算的科研拨款、高等教育资助计划和评估调查计划。

高等教育理事会和澳大利亚研究理事会拨付科研经费，除小额资助外，还包括大额资助、国际研究项目资助、合作经费资助和年度资助项目等。大多数科研经费的分配方式以项目竞争为主，其目的是提高科研质量，促进教育经济与管理的发展。在一揽子经费分配中，评价和调查项目资金分配明显具有绩效分配的思想。资助计划以教学质量、资源利用、社会效益和高校实现规划目标的程度为重点，并根据这些方面进行排序，为拨款项目提供依据。

澳大利亚联邦政府于 1994 年拨款 7680 万澳元作为绩效奖励基金，分配方案由高等教育评估委员会根据 36 所大学的绩效评估结果进行制定。其评估目的在于对高校教学、科研、服务质量、规划目标与现有成果、实施措施成效等契合程度进行评价。

1994年澳大利亚高校绩效评估等级分为六个等级，如表2-3所示，每个等级对应一个绩效等级标准。

表2-3 1994年澳大利亚高校绩效评估等级和绩效标准

等级	标准
1级	在科研、教学、社区服务等方面都取得了优异的成绩，执行自我设定的目标时都有严谨、合理的步骤
2级	在科研、教学、社区服务等方面都取得了优异的成绩，但执行自我设定的目标时没有系统化的步骤
3级	在科研、教学、社区服务等方面取得较好的成绩，执行自我设定目标时有合理的步骤
4级	在科研、教学、社区服务等方面取得好的成绩，执行自我设定目标时有合理的步骤
5级	在科研、教学、社区服务等方面取得好的成绩，但执行自我设定目标的步骤欠严谨
6级	在执行自我设定目标时取得了一般的成绩

绩效评估实施的基本步骤：评估委员会首先对各个学校进行考察，然后根据考察结果对各个学校的评估等级进行排名，再由评估委员会进行汇总，对各个学校的排名等级进行综合分类，最终将36所大学划分为6个等级。根据学校的等级划分通过计算分配奖励资金。在本次排名中，排名前18位的高校会获得7 000万澳元的资助，而排名后18位的高校会获得不到700万澳元的拨款。可见，绩效评估的目的在于鼓励高校在教学、科研和社区服务等方面取得优异的成绩，并力求实现高校自我设定的目标。

2001年，澳大利亚成立了大学质量署。该机构的重要职责是评估高校的教学质量和科研成果产出，并给政府提供建设性意见。绩效评估的管理方式由此得到了一种中介性机构的支持，对政府财政拨款产生了一定的积极影响，拨款方式也得到了进一步完善。

第四节 国内开展教育绩效评估的实践：以重庆市为例

治愚和助智是巩固脱贫的最佳方式。教育帮扶作为阻断经济落后代代相传的重要途径，在教育精准帮扶中发挥着不可替代的重要作用。通过对教育支持工作的有效性和不足进行分析，发现当前工作存在的不足之处在于：教育支持方法针对性不强，评价机制不完善，参与主体不足。要充分发挥教育在经济发展过程中的基础性和先导性作用，通过搭建教育支持大数据服务平台，确保教育支持方式得以有效实施。完善教育支持动态监督评价体系，提高教育帮扶的时效性，构建多方合作的教育支持目标模式，巩固农村人口脱贫攻坚的成果，阻断经济落后代代相传。下面是重庆市教育定点支持工作成效综述。

在具体实施政策上，除了落实国家设定的以奖助学金、助学贷款、学费减免等多种形式资助大学生的政策外，重庆市还设计了一批独具特色的资助项目，让农村脱贫家庭的孩子比以往任何时候都拥有更多机会进入大学学习，并顺利完成学业。

一、改善农村偏远地区办学条件，实现"人人上好学校"

义务教育均衡发展的"短板"在农村偏远地区。为了使每个儿童能够获得公平优质的教育，我国郑重提出教育均衡发展战略，并强调要办好每一所学校、教好每一个学生。在此背景下，全国各民族、各地区大力推进义务教育均衡发展，并且集中力量在广大农村地区补短板、促均衡，在多方努力后取得可喜的成效。

为实现由"人人有学上"到"人人上好学"的跨越，重庆市制订并实施了2014—2018年薄弱学校改造计划。计划拟投资88亿元，全面改善全市5000多所学校的办学条件，消除校舍危房、备齐各类教学设备，无论城市还是农村偏远地区义务教育阶段学校的办学条件都能达到国家标准；计划还提出添加一批设施设备、减少一批大班额、建好一批生活设施、吃好一顿爱心餐的"四个一"的要求，打出了农村义务教育薄弱学校改造的"组合拳"。

二、大力发展职业教育，提高农村偏远地区的造血功能

在重庆这一定点教育帮扶地区，超过70%的中等职业学校的学生是农村出身，其中很大一部分来自农村家庭。职业教育支持是典型的"造血"帮扶，已成为重庆教育定向帮扶的重点内容之一。早在2012年，重庆就引入了一项公共基金分配（补贴）政策，覆盖了中等职业学校、公立职业学校和民办职业学校的所有学生，多年来不断增加资金。近年来，重庆优先在每年年初增加职业教育的预算，而年初的预算增加幅度仍保持在15%以上。在保障职业教育经费和对职业教育学生支持的基础上，设立了职业教育投入专项项目，改善了职业院校的办学条件。通过合并和整合的方式，建立了职业教育专项基金。这些资金一方面用于推广示范指导，支持国家示范性高等职业院校的建设项目，大力投入建设示范中

等职业学校。另一方面用于加强基本能力建设,支持职业教育培训基地的建设。此外,这些资金还被用于加强教职工队伍的建设。从具体数据上来看,职业学校教师队伍建设经费每年投入近 3000 万元。

在完善职业教育补助制度方面,通过整合社保、移民、农业、民政等部门的资金,为中等职业学校符合一定条件的学生,如库区移民、城镇低保人员、农村家庭子女、退役军人和国家福利机构的合格孤儿等五类学生,提供全额补贴,包括生活津贴和住宿费补贴。2012 年秋季,重庆率先对全国中等职业学校的学生实行免学费政策,同时适当调整生活费补贴政策的覆盖面,并给予全市中职学生免学费补助以及对经济困难的学生给予生活费和住宿费减免政策。从外地来渝就读中等职业学校的学生,同等享受免学费和补贴食宿的政策。

第五节 国内外教育绩效评估实践案例的启示

经过数年的发展,西方国家已经形成了较为完善的教育绩效指标体系和绩效评估方法,我国也进行了一系列教育绩效评估实践,并取得了一定的经验。虽然不同国家绩效评估的文化和教育制度背景存在差异,政府对绩效指标的重视程度也存在差异,但绩效评估作为多元评估的一种类型,已经更多地应用于教育的管理和决策中。国内外绩效评估指标体系和方法不断得到改进和发展,明显体现出绩效指标与经费之间日益重要的关系,也反映了学校必须明确的战略目标,要在既定的组织和制度目标下进行自我调节和持续改进,这显然说明了信息管理系统是确保绩效指标内涵统一的有效介质。

一、国外高等教育绩效评估实践案例的启示

通过分析英、法、德等国家的绩效案例可以发现,绩效评估是由数据、指标设计和改进等内容所构成的。一份完整的绩效指标评估方案应包括办学目标、绩效指标、绩效指标权重和成功标准四个部分。其中,绩效指标是核心内容。

(一)绩效指标构建的原则

绩效指标的选择既要简洁易操作,又要反映政策决策者的优先分配目标和战略目标,高等教育的多重目标也应被列入考虑范围。毕竟,高等教育是一个复杂的系统,有众多不同类型的学院和大学,其办学目标也存在一定的差异。

1. 指标体系构建要兼顾政策制定者对问责制以及高校内部绩效管理两个方面的关注

实施绩效拨款模式是为了响应问责制以及提高高校内部绩效。但指标的选取会呈现出政策制定者在这两个目标之间存在的偏重点，如学生留校率和毕业率、岗位安置率和教职工工作量是响应问责制的代表性指标，资助科研经费的总额和被审核项目的数量都是高校内部质量的代表性指标。从美国高等教育绩效评估的案例可以总结出，州级政策制定者总体上更倾向于效率指标，而高校更注重质量指标。在温和型绩效评估模型中，州政府选择效率指标多于质量指标；在激进模式下，州政府对质量和效率指标同样感兴趣；而保守型绩效资助模式主要选择质量指标，但为了获得政府的支持，也会适度选择效率指标。

2. 绩效指标的数目应加以限制，不仅要包括主要的考核目标，也要简单明了地反映出政策的优先配置目标

在进行绩效分配时，最常见的问题就是使用了过多的绩效指标。外国学者乔尔·巴克（Joel Barker）曾经建议绩效指标的使用数量应该在 8～12 个。在他看来，指标越多越能更全面地反映高校的发展。但这不仅极大地提高了政策执行的复杂性，同时也减弱了每个指标的重要性，使其更加难以反映政策关注的侧重点。各州绩效分配中最常用的指标包括学生留校率、毕业率、毕业生就业率、转学人数、教职员工工作量、毕业生声誉、劳动力发展与培训等。这些强调"顾客"满意度的指标在综合绩效评估指标体系中起着重要的作用。此外，美国各州的实践可以证明，绩效指标的选择对高校的行为具有很大的指导作用。例如，量化的成绩指标可能会导致高校管理者和教师产生风险回避行为，高校可能会为了获得拨款去追求容易取得的成果。还有的高校可能会故意降低自己的质量标准，如降低毕业标准，以提高某一指标的分数。

3. 不同地区绩效指标的选择应具备自身的特点但也存在共性指标

美国各州为高等教育设定了不同的目标和使命，并使用绩效指标对目标和使命进行定期评估。因此，美国各州在确定绩效指标时，选择了不同类型的具体指标。某些绩效指标分为投入、过程和产出指标，有的则根据不同利益相关者的需求进行划分。从绩效责任（需求）的角度出发，田纳西州的绩效指标分为两类：一类是"客户"需求指标（60%），即学生的学习成绩和满意度，包括所有课程的考试成绩和学生满意度；另一类是政府需求指标（40%），该类型指标适用于

政府对学术发展的要求和指示，这类绩效指标体系一般包括学术项目质量的数量和比例、学生满意度、毕业率、留校率、就业率、转校率、政府的目标计划、高校战略规划目标等，每个指标都存在不同的权重。

国外学者总结了绩效指标的选取标准。各州虽有差异，但大多数都采用了以下几种类型的指标：教学和学生指标，如学校的招生政策、师生比例、学生完成课程率、科研经费数额、科研成果率等；财务和资源管理指标，如学生人均成本、资金来源结构、校园生活质量、行政人员与后勤人员比例等。

美国的《改进高等教育绩效的策略指标体系》一书中将绩效指标分为4大类、13个子类和70多个指标。

①财务资本指标：收入与结构（6项）、支出与结构（5项）、资源与留存（4项）、捐赠与投资（5项）、开发（7项）。

②物资资本指标：房地产、设备及消耗（3项）。

③信息资本指标：图书馆（1项）、计算机（1项）。

④人力资本指标：学生（11项）、招生（5项）、教职工（5项）、学费与资助（15项）、研究（5项）。

（二）绩效评估体系和财政拨款方式的改进

田纳西州高等教育评估的实质是将田纳西州高等教育绩效评估与政府财政拨款资助公立高校的资金分配相结合，通过评估高等教育绩效提升公立高校的教育质量，特别是学生的产出质量。财政拨款这种模式在美国、德国、法国、英国等发达国家都有实践背景。高等教育绩效分配作为一种新型政府财政拨款模式，不仅提高了高等教育质量，而且绩效拨款的方式充分体现了政府的意愿。传统政府行政命令的突破，极大地丰富了高等教育管理模式。然而，从田纳西州高等教育评估实践中可以发现，成功的绩效评估和绩效拨款工作对政府的管理组织、评估体系、资金支持等都提出了更高的要求。因此，绩效评估机制在创造有利的条件下，也需要政府做好谋划工作以及相关的评估管理工作。

美国高等教育绩效评估的实践表明，根据政府、学校、家长、学生、商业人士的需求，绩效指标在不同时期会发生一定的变化，而这种变化会随着环境和时间的变化而得到改善。以田纳西州的实践过程作为案例，可以看出绩效指标的改进是一个逐步完善的过程。最初，基于绩效的拨款项目实行的是百分制，以一个财政年度作为时间节点，并以评估标准上的得分为基础，财政绩效拨款项目一般用于高校的优先配置项目上。美国田纳西州大学 1979—1997 年及 2001—2004 年的绩效评估标准和权重如表 2-4 所示。

表 2-4　田纳西州大学 1979—1997 年、2001—2004 年的绩效评估标准和权重

时间	评估标准	权重
1979—1997 年	课程合格率	10%
	本科生专业领域测验	10%
	本科一般的教育成就测验	10%
	校友与学生调查	10%
	对缺陷的校正行为	10%
	对不合格课程的同级评论	10%
	硕士课程的评价（大学）或定位（二年制学院）	10%
	对特殊群体的招生情况	10%
	少数群体学生和所有学生的毕业率	10%
	任务完成情况	10%
2001—2004 年	学术水平测验和课程评价	60%
	满意度调查	15%
	计划与合作能力	10%
	学生成绩	15%

从绩效责任（需求）的角度来看，田纳西州大学的绩效指标可以分为两类：一类是"客户"需求指标（60%），即学生的学习成果和满意度，包括所有课程的考试成绩和学生满意度；另一类为政府需求指标（40%），即适合政府需求和学术发展的指标，包括学术项目的质量、认证项目的比例和数量、雇主满意度、毕业率、保留率、学生转学数量、政府规划目标以及高校的战略目标。

表 2-5 是田纳西州 9 所公立高校 1978—2010 年历次进行绩效评估的得分情况和拨款总额，图 2-1 是田纳西州 9 所公立高校 1978—2010 年历次绩效评估平均得分和拨款额度。在 7 次绩效评估的平均得分中，各高校的绩效得分上升趋势明显，特别是在 1997—2000 年评估周期刚开始时，各高校的评估得分基本维持在 90 分以上，这无疑证明了绩效评估工作的重要性，使高校的教育质量得到明显提高。

田纳西州高等教育委员会（THEC）基于绩效评分的情况，根据产出经费公式得到具体绩效拨款的金额，在每个评估周期中，每所学校都可以获得数百万甚至数千万美元的绩效拨款额度，这对高校具有很大的吸引力。从图 2-1 可以看出，田纳西州以往所有绩效拨款的额度明显增加，2000—2005 年和 1978—1982 年

的评估周期相比较而言，拨款总额增加了约 16 倍，但 1997—2000 年和 2005—2010 年评估周期的拨款总额开始出现大幅度下降的趋势。可见绩效拨款机制是一种弹性的拨款机制，田纳西州高等教育委员会会基于当年的政府财政预算调整相应的拨款额度。

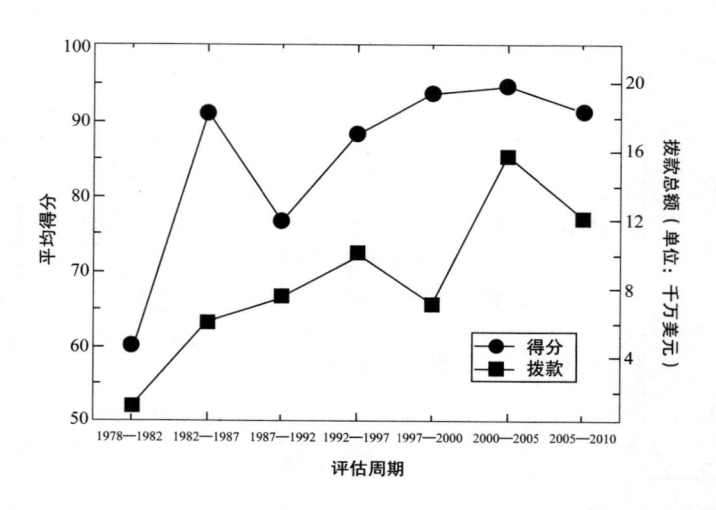

图 2-1 田纳西州 9 所公立高校 1978—2010 年历次绩效评估平均得分和财政拨款总额

（三）绩效评估的实施过程

实施绩效评估不仅需要一套相对成熟的绩效指标和实施标准，还需要颠覆原有的评价文化和理念，加强推动学校的内外力量，同时根据反馈结果及时进行反思和完善。发达国家在执行绩效评估的过程中给其他国家带来了很多启示。

首先，一个成功的绩效评估项目需要国家政策和财政支持、第三方机构的介入、管理文化的改变等各个方面的配合与指导。因为从高等教育的角度来看，绩效问题以提供所需服务质量水平的最低成本问题为首要条件，它不会自发地在高等教育的过程中出现，除非有外部力量施加压力，这是由高等院校实现目标之间的特殊性所致的，而高等教育系统的利益相关者之间存在更为复杂的关系。只有在权威导向的影响下，促使绩效机制合理化，教学效率和学习效果得到一定程度的提高，才能使其应用得到高校的广泛认可。在整个实施过程中，田纳西州的绩效拨款项目得到了多方面的有效支持，包括政府的资金支持、高等教育协调机构的政策支持和高校的行动支持。可见，田纳西州高校绩效评估拨款的成功是离不开这几个方面的共同合作的。

表 2-5 田纳西州公立高校历次绩效评估得分和拨款总额

高校名称	1978—1982年 绩效得分	1978—1982年 拨款额度	1982—1987年 绩效得分	1982—1987年 拨款额度	1987—1992年 绩效得分	1987—1992年 拨款额度	1992—1997年 绩效得分	1992—1997年 拨款额度	1997—2000年 绩效得分	1997—2000年 拨款额度	2000—2005年 绩效得分	2000—2005年 拨款额度	2005—2010年 绩效得分	2005—2010年 拨款额度
奥斯汀佩伊州立大学	56	352428	94	2592534	78	3263365	90	5189253	92	3484330	95	8273316	88	6221714
东田纳西州立大学	44	568984	86	4632841	81	6811325	85	8570113	95	6172453	98	14495022	96	10989211
中田纳西州立大学	61	878976	90	5948048	76	8181453	90	12788952	97	9900838	95	22980284	95	19021135
田纳西州立大学	45	521661	84	3592708	51	2978562	80	5622167	90	4202454	86	8283684	81	5837225
田纳西科技大学	72	789099	98	5136264	84	6525823	93	8050890	92	5000132	96	11332121	96	8520971
孟菲斯大学	61	1578081	91	10743739	80	14238431	90	18502259	89	115572751	93	27881676	88	20300974
田纳西大学查塔努加分校	63	560278	87	3557180	79	4670112	92	6533513	96	4725759	94	10159202	94	8049639
田纳西大学诺克斯维尔分校	75	3261881	99	19137613	84	23710066	89	28970873	98	20125447	97	43932856	93	34486316
田纳西大学马丁分校	65	477541	91	2925204	77	3470876	87	4751459	97	3389852	98	7558161	91	5524280
平均分/拨款总额（美元）	60.2	8988929	91.1	58266131	76.7	73850013	88.4	98979479	94	68574016	94.7	154896322	91.3	118951465

其次，对教育系统进行分类绩效评估。需要制定多套适合不同类型学校的绩效评估指标，侧重定位和服务功能。这是理解教育领域利益问题特殊性的关键，也是理解评价目的在现实中是各种价值主体博弈的结果的关键。教育的长期效益是基于绩效指标的稳定性和可持续性而存在的，同时保证了绩效评估指标的稳定性和可持续性才能客观地衡量教育发展的趋势。然而，教育本身的复杂性和背景却存在着很多不可控的因素，这就要求绩效指标要具有灵活性和开放性。教育质量的保证对绩效指标的设计引发了指标体系稳定性和变异性之间的矛盾，这就意味着对绩效指标的适应性提出了更高的要求。

绩效指标体系中一个比较棘手的问题是如何选择变化部分和不变部分，以及变化的方法和程度。加强分类绩效评估，建立分类绩效指标体系，而不是用一套指标对所有学校进行评估，这可能是解决这一矛盾的最佳途径。英国的科研绩效评估非常重视学科分类的情况，科研绩效指标最初按学科划分为3类，对绩效进行分类评估。在2008年进行了改革后，按15个学科组分别进行了绩效考核。同样，多学科评价不仅是荷兰科研绩效评估方案需要重点考虑的范畴，同时还是衡量评价标准灵活性和一致性的基本标准。无论是采用评估机构的自我评估，还是评估委员会的外部评估，都应以荷兰大学协会制定的标准评估方案作为基准，这无疑体现了评估标准的一致性。但是，在具体科研机构或科研项目的评估中，可以根据被评估对象的实际情况和特点对标准进行补充，而不是仅仅基于标准的评估方案，这在一定程度上体现了评估标准的灵活性。统一灵活的科研评估标准，既能保证评估的合法性和公平性，又能使评估直接地瞄准评价对象，从而促进高校内部提高科研质量和管理水平。

南卡罗来纳州是采用分类的方式进行绩效评估的，它将本州的高校划分为4种类型，即研究机构、四年制学院和大学、两年制学院、国家技术和综合教育体系，每一种类型的学院和大学的使命都不同，所以绩效分配标准中的每一项指标都是按照各机构的类型以及学校的成果进行分级的。

最后，重视客观评价绩效考核的有效性和局限性。在对绩效评估进行探索之后，美国在1998年进行了一项关于行政人员和大学领导人对政策优先事项和绩效问题重要性的反馈性研究。美国学者罗比（Rupper）对高等教育政策和绩效评估的重要性进行了一项调查，结果显示，美国行政人员和大学领导人在这个问题上没有达成共识。管理者把绩效问题放在首位，其次是确定问责制，最后是生产和消耗。同时，高校管理者把"如何投资高等教育"放在首位，把"高等教育的持续支付"放在第二位，把"高等教育的变革能力"放在第三位。因此，可从绩效问题重要性的理解程度看出不同高校领导对绩效评估看法存在的差异性，这说明绩效评估对于解决高等教育质量和效率问题具有一定的局限性。而田纳西州和南卡罗来纳在首次实施绩效拨款时存在很多问题，一是教育拨款与绩效指标之间关系的紧密程度；二是绩效指标的数量和指标数据的收集。1997 年，美国的一项研究综述描述了 48 个州的绩效模式经验。报告指出，有 37 个州在不同程度上实施了绩效标准；各州采用绩效标准的数量比 3 年前增加了 2 倍；有 26 个州扩充了计划的实施以及增加了绩效模型的成果；大多数州是出于责任和义务的办学目的采用绩效模式，但许多绩效模式未能区分州的长期利益和短期公共需求；有 23 个州采用了绩效评估的管理模式来资助学校，并且 23 个州的绩效系统直接向学校反馈评估结果，并向决策者而不是个人消费者提供相关，以供决策者进行教育选择。

1998 年，美国学者约瑟夫·伯克（Joseph Burke）调查了美国 11 个州高校的绩效拨款指标，并总结了部分州采用绩效拨款指标的具体内容：注册率和毕业率、专升本比例、教职员工的工作量、毕业学分和获得学位的时间、资格考试成绩、教职员工的培训和发展、院校选择、本科毕业率、就业安置率。本次调查的结论：绩效拨款指标的选择是外部政策制定者的选择，而不是学校内部控制指标的选择；绩效拨款中使用的指标类型反映出对投入的关注度减少，而对产出、成果和过程的评估增加。过程性指标是允许开发和使用的产出或成果指标的临时项目，但也意味着对体制进程的关注已经开始回避成果指标的复杂性和争议性。从指标选择的角度可以看到对效益、质量的持续关注和对两者的综合评价。

二、国内教育绩效评估实践案例的启示

（一）提高我国教育质量（国家教育质量评估项目概述）

国家教育质量评估项目（NAEQ）是针对中国学前教育、普通中小学教育、特殊教育、职业教育等各级各类学校教育质量进行监测的系统性项目。质量评估项目的使命是提高学校教育质量。具体而言，质量评估项目的主要任务是对处于儿童或青少年这一发展关键期的普通中小学生进行教育质量评估监测。每个年级有六门课程，包括数学、科学、语文、体育、艺术和德育。同时，监测结果报告会客观地向教育部、地方政府和公众呈现教育质量的发展现状以及可能产生影响的相关事实数据。国家教育质量评估系统自 2007 年以来一直处于开发中，第一轮运营评估于 2015—2017 年进行。在开发阶段和运营评估中都存在很多挑战性

的问题，其中一些问题仍然未得到解决，这说明质量评估项目仍处于初级阶段，需要不断地完善和开发。

1. 背景与历史

国家教育质量评估项目的发展反映了当前中国公共教育的重点发展方向。中国的教育体系一般包括6年小学（6～12岁，1—6年级），3年中学（13～15岁，7—9年级），3年高中（16～18岁），4年本科教育，3年研究生教育。经过多年的发展，包括小学和中学在内的九年义务教育有了较大的进步。1990年，中国教育的首要任务是保障所有适龄儿童都能按期入学。到2015年，中国的小学入学率达到99.88%。在数量方面达到目标后，教育质量和公平性成为社会关注的主要问题。提高教育质量、促进儿童和青少年在多个学科领域的发展成为当前的重点。因此，政策制定者和公众都迫切需要经验证据来监测教育质量。

不管在国内还是其他国家，教育绩效评估项目对学生的学业成绩进行大规模评估，为政策改革提供了相关的数据基础和关键性信息。国际学生评估计划（PISA）是国际大规模评估项目的一个经典例子，由经济合作与发展组织于1997年创建，旨在联合多主体开发大数据监测平台，评估和监测经合组织和非教育系统国家的成果。早在1969年，美国的国家教育评估项目（NAEP）就已启动，其主要目的在于为教育工作者、政策制定者和公众提供有关教育成就和进步的信息。紧跟其后的澳大利亚、日本和韩国，也相继开展了自己的国家教育评估计划。

在新的教育重点和大规模评估的国际趋势推动下，我国的教育质量评估项目计划于2007年启动，成为收集学生成绩及其影响因素信息的国家教育战略之一。经过十多年的探索，教育质量评估项目已正式成为教育部授权的系统性国家评估项目。教育部授权北京师范大学下属的国家教育质量评估中心开发全国教育质量评估体系。该中心是一个非政府组织，因此能够在评估教育质量方面坚定公正的立场。国家教育评估项目一开始是以一个国家的教育质量结构为探索目标的，对教育质量综合评估的可能性提上日程，汇集了国内外教育、计量和其他学科领域的近300名专家。自2007年以来，教育质量评估项目的设计和仪器已经在借鉴其他先进的大型评估项目（如PISA和NAEP）经验的基础上进行了开发和验证，教育质量评估项目随着时间的演变也反映了中国近期的课程改革路径。在启动正式评估之前，教育质量评估项目进行了一系列试点和现场测试，收集了学生成绩与表现的测试数据以及一系列相关背景信息，从2007年到2014年持续了8年。

现场测试包括 8 次评估，跨越 8 年，其中 5 项是在国家一级进行的。近年来，来自 32 个省市 772 个县的 52.5 万余名学生、12.5 万余名教师和校长参加了实地测试。经过充分的探索和验证，教育质量评估项目已被教育部认定为国家评估项目。2013 年 6 月，教育部印发《关于推进中小学教育质量综合评价改革的意见》，要求将中小学教育质量评价纳入有关人文社科重点研究基地的研究范围，依托有条件的高等学校和教育科研、教研部门建立中小学教育质量专业评价与监测机构。2015 年 4 月，国务院教育督导委员会办公室印发《国家义务教育质量监测方案》，标志着我国在国家层面开展的义务教育质量监测正式开始。2021 年 3 月，教育部等六部门联合印发《义务教育质量评价指南》，着力构建以发展素质教育为导向的科学评价体系。

2. 教育质量评估的总体工作框架

国家教育质量评估旨在衡量教育质量，这在相关研究文献中经常被提到，但很少明确定义。国家教育质量评估对教育质量并没有简单地进行定义。相反，质量评估项目确定了教育质量评估的几个方面。首先，评估应基于对多个科目的认知和非认知来评估学生的成果。其次，评估应结合背景。最后，评估应与课程标准保持一致。学生成绩无疑是评估的核心。质量评估项目建立在这样的理念之上，即教育质量评估应基于学生在其影响因素背景下的成绩。很多学者认为，学生的学习成绩不仅受教育系统物质条件的影响，而且学校氛围和学校文化对于创造有利于学生发展的环境也至关重要。教育质量非常重要的一个方面是强调学生的全面发展。在整体视角下关注每个学生的智力、情感、社交、健康、艺术、创造力和道德潜力的发展。中国的全面发展教育传统有着悠久的历史，这可以追溯到大约 3000 年前的周朝黄金时代，孔子是这一鼎盛时期的代表人物。当时要求年轻贵族掌握六科，也称为"六艺"，即礼、乐、射、御、书、数。六艺代表了中国教育的整体观点，由孔子倡导，并从此影响了中国教育质量的评估方向。

教育质量的评估取决于对多个学科的学生成绩和影响因素进行的综合考核。具体而言，教育质量评估项目主要针对六个学科领域，根据提供全面发展为导向的教育质量全貌进行相关活动测评。大多数现有的大规模评估项目基本对三个主要科目——数学、科学和语言进行了评估。然而，对艺术、体育、德育等学科的大规模评估并不常见。针对每门学科的教学目标，学生的智力成绩也会像其他学科一样参加大规模质量评估测试。同时，质量评估项目还需要测量与每个科目相关的非认知学生成果，包括情绪、态度和价值观。六个学科科目的纳入测量反映了每个学生全面发展的具体情况，并且考验了教育系统是否能促进学生在六门学科中的全面发展情况，这也是衡量教育质量水平的重要指标。而对于课程质量的评估，其主要目的是加强教与学过程中解决问题的积极性和创造性，以及增强教师与学生之间的互动式合作学习；针对科学和数学两门学科的质量评估，测试蓝图应包括评估解决问题能力的项目，此类项目应设置在一个特定的学习环境中，并且需要应用多个知识点和技能。以评估科学学科项目为例，该项目的评估标准应设置在一个复杂的学习环境当中，测试学生应用科学知识解决问题的能力和水平。

从一定程度上来说，质量评估应与评估标准结合在一起，这意味着需要做出参照标准的解释。在本科质量评估项目中，表现水平源自课程标准，描述了学生在完成学习后应该理解的内容。质量评估项目的课程化评估主要关注学生所理解的知识。然而，一味地追求考试分数并不能完全证明学生学习结果的真实情况，这就是标准设置的用武之地，赋予分数比例真实的意义。根据标准制定结果，每个表现水平的学生比例是衡量一个地区教育质量的重要指标。质量评估项目侧重于为评估结果标准提供一份具有参考价值的解释，与许多旨在主要区分或对学生或学生群体进行排名的大型评估项目有所不同。

3. 评估框架

目前，CIPP 评估模型已广泛用于教育评估活动，该评估模型主要是由四项评估活动的首个字母组成：背景评估（Context Evaluation）、输入评估（Input Evaluation）、过程评估（Process Evaluation）、成果评估（Product Evaluation）。质量评估项目基于 CIPP 评估模型开发了一个以学生成果评估为核心的多成分评估框架。学生成果包括认知成果（或学业成就）和非认知成果。学生的学业成绩通过数学、科学和汉语的纸笔测试来衡量。在学生背景调查问卷中，评估非认知成果测量包括与每个科目相关的学生情绪、态度和价值观。体育、艺术和德育方面的表现也是评估非认知成果的一部分考核内容。

教育过程性评估项目的内容包括：第一，收集有关个人参与事项（如每周学习时间和家庭作业时间）、教学过程（如每周教学时间和课堂技术使用情况）、学习环境和学校组织（如学校环境和课程设置）的情况；第二，通过主题内容的课堂覆盖率衡量出的学习机会将会纳入未来的评估周期中；第三，教育投入的指标包括一般学生背景（如性别、种族、社会经济背景和教育水平）以及学校的财政和人力资源投入（如教室设备、师生比和每所学校的平均班级规模）；第四,从政府官网上公布的统计年鉴数据中可以收集包括人口信息、国内生产总值（GDP）和教育发展指数在内的背景数据,并用于制订抽样方案。

4. 社会影响

从强调教育质量的角度来看,质量评估项目旨在支持教育部、地方政府和其他利益相关者的教育目标的实现,以确保所有中国学生都能接受优质教育,促进学生在健康的环境中学习和发展。质量评估项目也在向公众传播其教育观点,具体而言,通过结合体育、德育和艺术等学科,质量评估项目向公众传达了一个重要信息,即教育的整体视角将会朝着有利于学生的全面发展去努力。2015年,党的十八届五中全会要求教育系统加强公众监督,即鼓励公民参与公共教育决策,讨论教育事务,监督地方教育部门的工作,力争向全社会公开国家教育质量评估报告,鼓励公众对其进行监督。本科质量评估项目提供的详细报告将有助于国家和地方政府监测教育质量、学生发展的总体情况及影响教育质量提高的因素。同时,报告中的丰富信息使决策者和管理者能够准确快速地识别潜在问题。

5. 当前存在的问题及未来发展方向

教育质量评估系统经过8年的开发和验证后,以本科质量评估项目的绩效水平的设置、背景变量的设置、学生反应的统计建模和问责制度等几个方面的内容仍然存在争议。质量评估取决于每个学科领域的标准设置,评估标准设置是否应该在不同的人口区域使用相同的绩效标准也存在争议。目前,中国作为一个快速发展的大国,东西部地区发展水平差异较大,如果全国只采用一套评估标准,会导致部分省份出现天花板效应,而部分省份出现地板效应。同时,在那些具有天花板或地板效应的省份中,识别潜在问题会变得更加困难。值得探讨的是,如何为每个省订制绩效等级体系,以便有效地利用该体系来提高当地的教育质量是一个需要研究的课题。

目前,通常使用一维和多维统计建模的混合方法来报告数学、科学和汉语整体情况的总得分和附加分。这与多数大规模评估一样,测试的维度仍然是一个问题。教育测量借鉴了心理测试的潜在变量建模方法,该方法可以追溯到智力研究领域。然而,大多数教育测试的内容都包含认知领域、情感领域和动作技能。值得探讨的问题是,当前的建模方法是否真实反映了不同于心理测试的教育测试特征。此外,抽取学生样本采用三阶段抽样设计方法,设定样本权重。然而,下一步的需求就是探索并利用样本权重考虑数据层次结构的项目反应理论(IRT)建模。在计算学生成绩时,运用背景变量仍然是一个挑战。背景变量与学生成绩之间的关系是教育质量情境化评估的一部分，背景信息也可以用来更好地计算学生成绩，并且实地测试的结果表明，在其他大规模评估中，一些常用的背景变量与中国学生成绩表现出了不同的因果关系。为了充分利用背景变量，评估项目呼吁对背景变量与中国学生成绩之间的关系需要进行更多的研究。可见，教育质量评估系统的完善与更新会与学术研究界产生更多的合作机会。

本科质量评估项目潜在的问责功能使评估系统变得更为复杂。需要特别注意以下三个问题：首先，应该根据使用标准制订对目标和指标进行问责的程序，并且对其后果进行更多的询问。其次，国家教育评估项目需要考虑这样一个事实，即一旦学生和教师意识到自身的评估结果会对自身产生影响，就会导致政策发生变化。最后，应该指出的是，问责压力可能会将国家教育质量评估项目变成高风险评估，从而减弱教育质量评估项目的使命。

（二）中国本科教育质量评估对不同高校的影响

中国高等教育正逐渐改变精英化教育的特征，走上国际公认的大众化道路。从20世纪90年代末开始，高等教育扩招人数急剧增加，就目前的规模来看，中国拥有世界上最大的高等教育体系。随着高等教育体系的快速发展，质量保证已成为中国高等教育的核心焦点。2002年，教育部根据早期一些非正式的评估规定颁布了《本科教育质量评估项目》，并成立了一个新的机构——高等教育评估中心（HEEC）来承担具体的评估工作。该评估机构的评估项目侧重于学校层面的教学质量，同时规定在5年内以滚动的方式对所有高等教育机构进行评估。

1. 质量评估与高校变革

众多学者研究了教育质量评估对高校的影响，发现这种影响与外部质量评估计划的特点、被评估高校的地理位置和历史背景、评估标准和实施方案有关。然而，几乎没有学者尝试去研究教育质量评估与被评估高校相互作用并产生不同结果的原因。为了分析本科质量评估结果的影响，学术界提出了外部质量评估是如何影响高校内部建设的理论视角，而这一理论视角是建立在高等教育系统结构和质量评估运行机制的基础之上的。

学术界的基本研究范式分为科学主义研究范式（定量研究）和人本主义研究范式（定性研究）两种研究方法。科学主义研究范式强调用数学工具来分析经验、可定量化地观察。其研究目的在于确定因果关系，并做出分析。人本主义研究范式是根据人文学科推衍而来的，所注重的是整体和定性的信息。实践证明，只要采用定量研究方法和定性研究方法相结合的方式，整个系统就会保持动态平衡，而变化的过程可以通过观察来打破现有的平衡或者纠正先前在定量研究方法和定性研究方法之间的不平衡，然后建立并保持新的平衡关系。在教育研究范式的发展过程中，定量研究处于主导、主流的地位，而定性研究一直处于边缘地位，两者都具有内部特征和外部特征。不难看出，定量研究和定性研究的结果要求高等教育质量评估应以多种方式冲击高等教育系统的内核。

教育质量评估可以看作一种外部力量，同时也可以影响内部运作机制和参考标准。很多学者普遍认为，质量评估是支持高等教育机构变革的有效手段。外部质量评估是一种源自外部的规范和行为要求，会对高等教育系统内部产生影响。被评估机构应该将其行为与评估标准相匹配，以最优化的评估结果为目标，并且做好预计该过程会出现变化的准备。除了操作和行为方面的变化外，质量评估也是一种挑战和尝试改变现有教育价值观的手段。正如许多学者所谈到的，质量是一个相对的概念，不同的利益集团对质量的构成有自己的解释。外部质量评估的评价标准反映了"好"的高等教育的某些外部价值观和规范。有些专家提到，绩效指标是塑造我们思考什么问题以及我们如何思考这些问题的概念性技术。换言之，外部价值和规范可以通过评估过程引入被评估机构。因此，在理论上，质量评估应该能够冲击高校的内部系统，将"好"的高等教育的外部规范带入被评估高校进行规范调整，并推动其运作适应"好"的高等教育的运营理念。然而，高校并非完全受外部压力的影响。有文献指出，高校的使命是长期存在的，其内在价值不易因外力的侵入而改变。高校试图追求自己最大的独立性，对外部环境的偏好和期望具有一定的弹性。如上所述，在外部质量评估导致高校发生变化的情况下，其结果不仅取决于评估方案的特征（即外力），还取决于被评估高校的具体特征，以及高校的举措和回应（即内部因素）。正如部分学者所提到的，对高校内部组织方面的准确分析以及理解组织参与者对评估工作的意义是十分必要的。因此，本研究还会持续关注高校的内部环境以及创造变革的举措。

2. 本科教育质量评估项目的实际影响

根据高校质量评估案例研究的结果，本科教育质量评估项目对被评估高校的影响总结如下：第一，被评估高校始终认为充足的教学设施和师资力量有利于本科教育质量的提高。在实践的所有评估项目中，高校基础设施、教学设施和教学支出都得到了显著的改善，教职工人数也明显增加。相对而言，精英级别较低院校的变化比精英院校的变化更为显著。第二，本科质量评估项目推动被评估机构明确其使命和发展目标。该项目开发特殊功能的动力也得到了加强。然而，"前台"文件中阐明了调整后的使命和发展目标似乎对高校的运作提供了极为有限的指导。例如，虽然 A 高校声称优先考虑其专业课程的发展而不是全面性发展，而 C 高校声称要成为教学密集型机构，但实际上该高校是向综合性和追求研究成果的方向延续发展。此外，评估项目案例研究中的高校管理者承认，其对开发特殊功能的创新能力没有预期的那么高。因此，这方面的实际变化很小，尽管被评估机构认为本科质量评估项目明确的高校使命、发展目标以及发展特色的要求有利于高校的长期发展，但从实践结果来看，质量评估项目的实施结果为高校提供的指导极为有限。第三，高校案例研究表明，本科质量评估项目已推动高校修改其规章制度，修订后的规定对教师和学生进行了严格的纪律约束，建立了标准化的教学程序。运用学科化的管理和规范教学程序已被部分高校的教职工和学生所接受。相比之下，严格的纪律和标准化的教学程序似乎与精英教育固有的管理文化互不兼容，因为优质高校的师生习惯于享受更多的自由。因此，这些程序在这部分高校中没有得到持续发展。此外，本科质量评估促进了被评估机构内部质量监控体系的完善。上述案例都增加了内部质量监测的密集度和内部质量评价结果的使用。相对而言，精英级别较低院校的变化比精英院校更为显著，这是因为这些院校的内部质量保证意识得到了增强。第四，案例研究探讨了本科质量评估项目对教与学的影响，包括教学内容、教学方法、教学技术、实践培训和学生毕业设计。实践证明，本科质量评估项目在教学内容和教学方法上并没有产生太大的影响。基本上，案例研究中的高校领导和教师在调整教学内容以适应多样化的学生群体和不断变化的社会和经济需求方面，同意本科质量评估项目定义的所谓"好"的教与学规范，以及采用以学生为中心的教学方法。然而，相关受访者表示，由于受国家课程规定的约束，高校在课程改革方面几乎没有自主权，教师和学生都没有做好以学生为中心的教学方法的准备。因此，在这方面没有明显的变化，而教学技术的使用则有所增加。高校领导和教师认为，先进的教学技术可以让教师在教与学的过程中更加全面，让学生更加直观地体会到课堂教学内容。教学设施的完善也促使教学技术更新变得更为便捷。在高校评估案例中，实践培训水平都得到了显著改善。同时，被评估机构也开始更加重视以实践为导向的知识和培训。学生毕业项目设计的质量管理在外部评估人员实地考察期间得到加强，但在考察期过后却没有妥善维持管理。并且，部分高校领导和教师不认可本科质量评估项目定义的高标准毕业项目。第五，本科质量评估项目推动高校提高了对教学的重视程度。部分被评估高校都宣称，教学是学校的基本使命。大部分高校在资源配置和教师绩效考核等方面也调整了运行机制和相关配套政策，比以往更加重视教学。然而，这些新政策更多的是向外部评估者展示，并且这些政策基本上停留在花言巧语上，并没有在现实中得到有效落实。高校领导者和个别学者都没有动力将注意力从研究转移到教学上。因此，这些策略的实际效果可以忽略不计，学术界的大部分时间和精力仍然花在科研上。

综上所述，本科质量评估项目促进了中国高校的变革，但并未取得所有预期的成果。评估项目对质量规定方面的影响并不相同，总体而言，评估项目内容在资源承诺、质量管理、教学技术和实践培训方面发生了重大变化；但对高校认同、精英机构的质量管理、教学活动以及教学与研究之间的平衡的影响是微不足道的。针对已经做出的改变来看，改变的程度在不同情况下是不同的。基本上，这种变化在精英级别较低的高校中比在精英高校中更为明显，这是因为被评估高校的现状和评估项目的要求之间存在一定的差距，而精英级别较低的高校在本科质量评估项目前期的工作不如精英高校。因此，学校在应对本科质量评估项目方面有更大的改进空间。

从影响程度的角度来看，本科质量评估项目对被评估高校的影响既涉及实现高质量发展的方法（运营模式），也涉及"良好"高等教育的规范（规范模式）。同时，本科质量评估项目对资源承诺和质量管理的影响比其他维度更为显著，其对精英级别较低高校的影响比对精英高校的影响更为显著。因此，质量评估被视为一种外力，可能会影响被评估高校的内部管理体制，并在理论上指导运作模式和改变其规范的可能性。本科质量评估的研究表明，质量评估作为一种外部推动力，确实具有推动高校变革的潜力。然而，只有当外部力量与被评估高校的内部动力和实施变革的能力相结合时，真正的变革才会发生。质量评估的影响不是政策实施的线性结果，而是外部质量评估力量与被评估高校相互作用的结果。

（三）中国教师在本科教育质量评估中的工作压力与绩效

绩效，是一种管理学概念，指成绩与成效的综合，是一定时期内的工作行为、方式、结果及其产生的客观影响。在学校等组织中，通常用于评价教职工工作的完成效率、职责履行程度和成长情况等。目前，许多高校采用教师总结工作报告的方式来对其进行评估，而研究人员倾向于采用以成果为导向的绩效定义，侧重分析教师学术工作的贡献，主要包括教学和研究。在关于工作压力或绩效的大量研究中，工作压力和绩效两者在高等教育机构中的关系研究比人们预期的要少。在其他情况下，两者之间的关系结果是混淆的，可以用三个理论假设来概括。首先，正线性理论认为，低水平的压力没有显著的要求，因此教师往往表现不佳，但在更高的水平线上，会要求个人付出更多的努力，从而提高教师的工作效率。其次，消极理论认为，压力，无论是低、中还是高，都会消耗一个人的时间、精力、注意力、健康和幸福感，因此会损害或抑制较高的效率。最后，在倒U形理论中，压力的初始阶段可能是精神刺激，会激励教师调动其精力，更快地完成任务并达到最佳效果。当压力超过临界点时，沮丧、焦虑和疲倦的感觉开始消耗能量，压力变得功能失调并损害表现能力。

1. 相关讨论

在一项实地调查中，教师来自工作量、机构管理、学生等相关问题的平均压力在评估总分的低分段区域。有学者发现，在8个压力源和297个教师中，有123名参与者的5分评分低于中点。这一差异表明，由于工作负荷和管理环境不同，评估的管理方式略微增加了教师的工作压力。更重要的是，相关受访者在采访中谈到，评估方式创造了具有竞争力的工作环境，并推动教师实现更高的自我期望。而评估方式的间接效应给教师带来了更大的压力，教师实现其目标需要克服更多的困难和迎接完成任务的挑战。还有学者发现，工作量较低的教师在研究方面比其他人更有效率。在认知能力框架中，有了预期的资源和技能来处理任务，教师更有可能达到最佳表现。当感知到的困难水平上升到中等水平时，有两种控制选择。第一种是被动应对模式。通过降低所需的速度、准确性、质量等水平来向下调整目标。第二种是应变应对模式。该种模式可以保持目标绩效标准，但只能以能量成本的增加为代价。因为教师倾向于转向资源密集型的策略，这或多或少地损害了教师的表现能力。例如，为了腾出时间和资源进行论文写作和其他非学术任务，教师可能会降低满足教学和研究的最低要求，而不是在工作中做得更好。当压力持续增加时，许多教师被迫以最大的精力支出集中于工作。

在这种情况下，主要绩效（如教学效率和研究生产力）受到保护，但整体绩效的其他方面（如休息、娱乐、家庭）只能通过有限的可用资源来处理。模型可以用来解释大多数的反应研究，但可能不适用于所有参与者，因为模型是动机起源和个体差异任务目标的感知价值，在应对挑战方面是持续工作的能力和令人厌恶的宽容状态。当不同水平的压力变为慢性压力时，补偿性控制模式也需要改变。研究学者通过对45名工作中的成年人进行采访发现，在较短时间内可以降低的压力可能是由刺激而产生的。但当压力变得慢性时，对表现能力的影响可能是破坏性的。这个命题需要进一步地研究，但暂时性的高压力可能会刺激教师在学术能力方面的潜力，其效果取决于牺牲生活和工作的其他方面来应对挑战的时间成本。此外，工作环境压力是教师进行自我教学评价的一个重要预测因子，而不属于研究产出。这种差异似乎与一些研究结果一致，这些研究发现，通过量化的评级表格和出版计数来衡量，学术研究的两个基本组成部分之间几乎没有联系。例如，部分学者报告了一项基于 58 篇文章中的 498 个相关性的教学与研究关系的综合分析，发现总体相关性为 0.06。然而，其他研究并不总是支持低相关性。在一项调查和访谈中，来自不同学科和水平（本科和研究生）的教师认为，科研成果直接影响教学水平，因为教学对科研产出有一定的积极影响。此外，还有学者报告了在扭曲数据转换后，学生的教学评分和教师的研究效率之间存在一定的显著关系。从教学与研究之间这种显著的关系可以发现，教研与工作环境压力之间的不同关系并未获得充足的证据。另外，工作环境压力对教学的显著影响可以归因于在教学过程中更频繁的个人与机构互动，样本高校都秉持以教学为导向的办学理念。为了成功地完成主要任务，教师需要适当的资源和激励措施支持，而各高校有责任提供这些资源。需求和供给之间的不匹配可能使教师在心理、智力或动机上无法呈现最佳教学效果。相比之下，除了常规的教学负担之外，研究总是留给教师利用课余时间去完成。同时，其他很多研究也讨论了组织在教师研究过程中的参与不足。大多数高校以本科院校为主的教师必须在助教、实验室技术人员、研究津贴、休息时间、部门内和部门间合作的支持下进行研究，这些限制在一些授予博士学位的高校中也是普遍存在的。这种情况削弱了教师的研究能力，损害了在评估系统中优先考虑研究的效果，因为尽管教师有强烈的动机，但教师没有技能、时间、设施或其他资源来发表更多的论文并获得更多的资助。

2. 对管理人员、教职员工和未来研究人员的启示

通过相关研究发现，学者在工作特殊性和组织实践方面的压力越适中，而表现出来的自我期望的压力就越高；压力与绩效之间的 U 形关系是教师补偿控制的产物；工作环境压力明显影响教学效果，但不影响科研成果的产出。从对管理人员、教职员工和未来研究人员的实际意义来看，第一，本科质量评估加剧了教师队伍的工作压力，尤其是来自教师本人的自我期望，所以有必要加强对教师心理健康和间接影响表现能力的重视；第二，教师的工作压力超出了个人的控制范围，管理计划就需要采用组织的方法来建立更多的支持环境；第三，评估给教师带来了除日常工作之外的更多任务，为避免速度和数量重于质量，且过度挖掘教师的潜力或让教师长期承受压力，管理人员只需将重要的任务委派给教师，给教师充足的时间和足够的支持；第四，管理者需要考虑组织政策和措施对教师教学

绩效的重大影响，并制定更多有助于促进教学和激励教师的决策；第五，工作环境压力对科研成果的不显著影响表明，组织参与和支持力度不够，应加强提供更多的资源、时间、培训、资金、交流机会等提高教师的研究能力和实施相关政策的能力。该研究探讨了教师工作压力与评估绩效之间的关系，并推断出实际意义，但研究人员在概括研究结果时需要谨慎，因为除了评估环境的特征外，可能在样本高校和受访者中还存在选择偏差，这是因为参考样本是根据参与研究并进一步提供信息的意愿来进行选择的。此外，研究结果主要基于教师的回应和反思，而使用加权发表次数衡量科研生产力对产出进行分类和分配方面不够客观。在未来的研究中，应努力超越局限，合理运用相关的自我期望压力测量方法，并收集更为全面的教育评价指标数据，以检验研究结果的普遍性。

第三章 教育支持工作绩效评估方法

第一节 数据包络分析法

数据包络分析（Data Envelopment Analysis，DEA）方法主要用于评价具有多个输入和输出的复杂系统的效率。基本模型包括规模报酬不变假设下的CCR模型和规模报酬可变假设下的BCC模型。BCC模型的最大优点是它消除了规模收益不变的假设，利用该模型可以对决策单元的技术有效性和规模有效性进行评价。与CCR模型相比，它可以提供更有效的管理信息和评估结果。国内外学者大多采用DEA方法进行效率评价，并探索了传统DEA与其他方法的结合，如马姆奎斯特（Malmquist）指数、两阶段引导DEA方法、三阶段DEA方法、Super-SBM模式以及DEA-Tobit方法。传统的DEA方法是评价教育支持工作绩效最常用的方法，但容易导致测算的教育支持效益值出现偏差，需要进一步优化。

DEA不仅可以获得每个决策单元的相对效率，并确定有效的决策单元（决策单元相对效率高），而且还可以运用"投影原理"进一步分析每个决策单元非DEA有效的原因及其改进方向，从而达到为决策者提供重要管理决策信息的目的。传统的评价方法需要对决策单元的投入和产出指标进行比较，通过各指标的权重得到综合得分，从而判断各决策单元的优劣。而DEA方法巧妙地构造目标函数，通过数学变换将分式规划问题转化为线性规划问题。运用DEA方法不需要给出每个指标的权重，而是通过优化过程确定权重，从而使决策单元的评价更加客观。因此，DEA方法属于数学、运筹学、数量经济学和管理科学等交叉学科的研究内容。

一、数据包络分析方法

数据包络分析的基本模型是由美国著名的运筹学家A.Charnes（查恩斯）、W.Cooper（库珀）及E.Rhodes（罗兹）等人提出的。因此，以三位作者姓氏首字母作为模型的名称，即 CCR 模型，也可简记为 C^2R。

假设有 n 个决策单元（DMU）表示输入和输出。每个 DMU 对应 m 种类型的输入和 s 种类型的输出，由向量 X_{ij} 和 Y_{rj} 表示，即：

$$X_{ij} = \left(x_{1j},\ x_{2j}, \ldots,\ x_{ij}\right)^T,\ j=1,\ 2,\ \ldots,\ n$$

$$Y_{rj} = \left(y_{1j},\ y_{2j}, \ldots,\ y_{rj}\right)^T,\ j=1,\ 2,\ \ldots,\ n$$

其中，X_{ij} 是任意决策单元 DMU 的 I 型输入，Y_{rj} 是任意决策单元 DMU 的 R 型输出。对于每个 DMU，面向投资的 BCC 模型如下：

$$\text{s.t.} \begin{cases} (\min\theta) = \theta_0 \\ \sum_{j=1}^{n} \lambda_j y_j - s^+ = y_0 \\ \text{close} = \sum_{j=1}^{n} \lambda_j x_j + s^- = \theta x_0 \\ \sum_{j=1}^{n} \lambda_j = 1 \\ \lambda \geq 0;\ j=1,\ 2,\ \ldots n;\ s^+ \geq 0;\ s^- \geq 0 \end{cases}$$

当 $\theta = 1$ 且 $s^- = s^+ = 0$ 时，判定决策单元 DEA 有效，表明该投入产出恰好达到最优效率；当 $\theta < 1$ 且 s^- 或 $s^+ \neq 0$ 时，判定决策单元为 DEA 无效，表明该投入产出未达到最优效率。

二、Malmquist 指数模型

Malmquist 指数最初由瑞典经济学家马姆奎斯特（Malmquist）提出，后来由美国经济学家理查德·凯夫斯（Richard Caves）等人进行改进和定义。Malmquist 指数是一种基于距离函数的效率评价方法，可以动态反映研究对象相对效率的变化和趋势。Malmquist 模型基于 DEA，通过距离函数比计算输入输出效率，可以从多个角度和层次反映相对效率的动态变化。模型构造如下：

根据 1982 年凯夫斯等人对 Malmquist TFP 指数的定义，基于 t 周期技术的 Malmquist TFP 指数为：

$$M^t = \frac{D^t\left(x^t,\ y^t\right)}{D^t\left(x^{t+1},\ y^{t+1}\right)}$$

同上，$t+1$ 期基于技术的 Malmquist TFP 指数为：

$$M^{t+1} = \frac{D^{t+1}\left(x^t,\ y^t\right)}{D^{t+1}\left(x^{t+1},\ y^{t+1}\right)}$$

为了避免生产技术参考选择中的随意性，采用两个 Malmquist TFP 指标的几何平均值作为面向输入的 Malmquist TFP 的度量，即：

$$M\left(x^{t+1},\ y^{t+1},\ x^t,\ y^t\right) = \left[\text{close=}\left(\frac{D^{t+1}\left(x^t,\ y^t\right)}{D^{t+1}\left(x^{t+1},\ y^{t+1}\right)}\right)\left(\frac{x-\mu}{\sigma}\right)^{\frac{1}{2}}\right]$$

$$= \frac{D^t\left(x^t,\ y^t\right)}{D^{t+1}\left(x^{t+1},\ y^{t+1}\right)}\left(\frac{D^{t+1}\left(x^{t+1},\ y^{t+1}\right)}{D^t\left(x^{t+1},\ y^{t+1}\right)}\frac{D^{t+1}\left(x^t,\ y^t\right)}{D^t\left(x^t,\ y^t\right)}\right)$$

如果 Malmquist TFP 指数的值大于 1，则表明决策单元 $t+1$ 时期的全要素生产率水平比前一时期有所提高。如果 Malmquist TFP 指数的值等于 1，则表明这两个时期之间的全要素生产率是一致的。如果 Malmquist TFP 指数的值小于 1，则意味着全要素生产率已经下降。

三、DEA 的应用案例

（一）构建模型

DEA 是一种衡量决策单元的相对效率的方法，这些决策单元的特点是有多个不相称的输入和输出。其结果在很大程度上依赖于分析中使用的一组标准。因此，DEA 中最重要的阶段之一是标准的选择，尤其是随着可用数据量的增加，评估的工作量会明显增加。在许多研究中，研究人员将输入和输出简单地视为"即定的"，然后继续处理 DEA 方法。

DEA 的创建者于 1978 年引入了基本 DEA 模型（所谓 CCR-DEA 模型），作为利用多输入和多输出来衡量 DMU 效率的一种新方法。从这个时期开始，DEA 研究方法的多种分析模型就已经被开发面市，其中包括 BCC-DEA 模型（该模型假设规模收益是可变的）和非径向的加法模型；同时，还提出了定向投入和产出的模型以及将输入和/或输出权重限制在特定值范围内。DEA 从经验上确定了数据驱动效率的前沿，该边界包含了无效的 DMU，而有效的 DMU 则位于生产可能集的生产前沿边界上。假设有 n 个 DMU，并且第 j 个 DMU 通过使用 m 个输入（x_{ij}, ..., x_{mj}）产生 s 个输出（y_{ij}, ..., y_{sj}）。基本以产出为导向的 CCR-DEA 模型如下：

$$(\max)h_k = \sum_{r=1}^{s} u_r y_{rk}$$

$$\text{s.t.} \begin{cases} \sum_{i=1}^{m} v_i x_{ik} \\ \sum_{r=1}^{s} u_r y_{rj} - \sum_{i=1}^{m} v_i x_{ij} \leq 0,\ j=1,\ \cdots,\ n \\ u_r \leq 0;\ r = 1,\ 2,\ \cdots,\ s \\ v_i \geq 0;\ i = 1,\ 2,\ \ldots,\ m \end{cases}$$

其中 u_r,（$r=1, 2, …, s$）是分配给第 r 个输出的权重，v_i,（$i=1, 2, …, m$）是分配给第 i 个输入的权重，为了评估最大可能的效率得分。分数 h_k 显示了 DMU_k 的相对效率，作为与评估中的其他 DMU 相比的最大可能成就。

无论如何选择方法和标准，DEA 都不允许区分有效的 DMU，因为它们的效率最高。通过几次尝试对 DMU 进行完全排名，包括修改基本的 DEA 模型并将其连接到多标准方法。提高 DEA 方法的辨别能力也可以通过加强对称权重的选择来实现，其方法是在两个输入或输出的各个组合值中施加惩罚差异。其他选择是使用交叉效率进化或对模型施加重量限制。一个众所周知的保证域超效率 DEA 模型（AR-DEA）在权重比上施加了下边界和上边界，如下所示：

$$L_{1,2} \leqslant \frac{v_2}{v_1} \leqslant U_{1,2}$$

重量限制中的一个重要考虑因素是设定现实的界限。在大多数情况下，它们是根据专家意见和经验制定的。另一个方向是 DEA 与其他统计方法的结合，以获得数据或证据驱动的边界。在本研究中，联合分析的结果常用于帮助确定其边界。

（二）方法论框架

设计方法论框架的目的是对所考虑的 DMU 进行综合评估。第一步是定义分析的概念和目标，然后选择评估的单位。第二步是在一个独立阶段按照主观或客观效率评价的标准评估效率分数。方法框架的第一阶段是对主观效率的评估，这在很大程度上取决于受访者的意见和偏好。因此，通过两个步骤（步骤1——联合偏好分析和步骤2——DEA 效率评估）评价该效率。第一步，首先确定偏好分析和利益相关者的目标，作为本阶段的起点。然后，根据定义的目标选择 k 个关键属性集（标准）及其等级。其次，进行实验设计。这是联合分析中最敏感的阶段，因为所选标准的水平应结合起来，为调查创建不同的假设概况做好准备。受访者（利益相关者）需要对生成的实验设计中的每个配置文件进行偏好评级。同时，在设计出最合理的实验布局和完成调查并收集数据后，下一阶段就是使用统计技术估计模型参数假设，并计算属性 FI_k, $k=1, …, k$。k 个标准的起始集以及获得的重要性值 FI_k 将用于下一步的输入。第二步（第一阶段），假设 DEA 效率评估。第二步中的 DEA 会出现两种可能性，具体情况取决于在第一步中选择标准集的总数（k）。在第一种情况下，分析师通过按股东偏好 FI_k 的降序选择标准集，$k=1, …, k$。在第二种情况下，当标准的数量不是太高时，使用重要性值 FI_k 作为权重限制以更好地区分 DMU。该决策导致将所选标准分类为 m 个输入和 n 个输出的子集，具体取决于它们的性质、数据收集和 DEA 模型选择。最后，在该步骤中，对所选择的 DEA 模型进行求解，以获得观测集中每个 DMU 的估计分数。框架的第二阶段包括客观的 DEA 效率评价。与基于利益相关者意见的主观评价不同，数据驱动的 DEA 评价采用系统行为的显式数据进行客观评价。主要步骤与第一阶段中定义的步骤类似：选择输入和输出、收集数据、选择适当的 DEA 模型以及评估效率分数。最后，整体效率被计算为所有部分效率得分、主观和客观以及权重的乘积之和。使用层次分析法（AHP）获得的权重定义了分析中包含的所有效率措施的重要性。

（三）实证分析

考虑到衡量和监测学业成绩的重要性，本研究试图在教学和研究的过程中，衡量和监测教职员工工作绩效的重要性，并选择高校组织科学系的大学教师作为研究对象。他们的整体效率应该从不同的方面来衡量。基于提出的方法框架，从主观（教学评价）和客观（教学研究效率）两个方面对教师效率进行综合评价。采用 AHP 定义了教师整体效率问题，以教师整体效率为最高层次的目标。层次结构的第一级和第二级包括主观效率和两种类型的客观效率，这都需要汇总成整体效率，而层次结构的第二级表示用作输入和输出的子标准。

每个实体都旨在提供最可靠、最有用和最便宜的业务分析。DEA 就是其中之一，它可以帮助管理人员简化流程并专注于关键业务能力。DEA 是一种有效的工具，用于在各种环境中评估和管理运营绩效。由于 DEA 给出了具有不同标准组合的不同效率指标，因此，输入和输出的选择是 DEA 的基本步骤之一。

DEA 效率指数是一种相对度量，取决于 DMU 的数量以及分析中包含标准的数量和结构。一旦具有多个标准时，确定每个 DMU 的效率指标需要更多的努力。通常使用回归和相关分析等统计方法来减少标准数量。

本案例运用联合分析法，根据学生喜好来选择相关性较强的教学标准。从利益相关者的偏好中可以得出标准的重要性值是选择用于 DEA 效率测量阶段最合适标准集的基础。从学生的角度将该框架应用于教师评估，可以表明：第一，并非所有标准对利益相关者都同等重要；第二，结果因所采用的方法和选择的评估标准而异。出于这个原因，本案例将联合分析作为一种揭示利益相关者偏好的方法，将 DEA 作为一种评估绩效的客观方法，它不需要先检验确定的权重。此外，DEA 还可以将利益相关者的偏好作为权重限制或适当的标准选择纳入其中。

AHP 提供了分层分解决策问题的能力，并允许对 DMU 进行彻底排序。本案例提出的方法论框架具有五个优点，总结如下：

第一，该模型框架允许进行主观和客观的效率评估，以及通过考虑效率各个方面相关的权重来确定总体效率得分；第二，为利益相关者提供了更好的标准选择，并允许选择适合不同目标和不同数量 DMU 的不同标准组合；第三，通过选择一组有意义且理想的标准或施加体重限制来纳入学生的偏好；第四，确定了影响学生满意度的教学关键因素；第五，提高了 DEA 的辨别力，从而使教师排名更加真实。

通过对组织科学系教师的评估，说明了应用此原始方法框架的价值和有效性。同时，拟议框架的重要性主要体现在其适应性和灵活性上。该框架不仅可以直接解释教师的效率，描述教学和研究的所有标准，还能提供清晰的洞察力，了解评估的薄弱环节及其产生的原因。因此，建议教师通过观察同一学校高效的同事并深入挖掘内容知识来提高教学效率。在制度层面，一方面是提高科研和出版成果的质量，另一方面是提高演讲的表达能力，这是提高教师效率的主要驱动力。

进一步的相关研究可以改进大学、院系和工作人员的评估程序，同时考虑其他相关标准，如过去三年发表的出版物总数和/或出版物数量、WOS 和 Scopus 数据库中索引期刊的出版物数量，每个出版物的平均引用次数等。该研究还可以用于其他领域，包括测量服务用户的满意度，其中，提议的方法将会成为根据所有相关标准衡量效率的一般范式。

（四）澳大利亚大学的绩效效率分析案例

选择 2016 年澳大利亚大学的相关数据作为基准年，是因为它为研究提供了最新和最完整的主要变量集。基准年的概念是为学生成功完成学业（指完成学位通常需要一年以上的时间）这一事实而设的时间基点。在当前情况下，学生可以在另一所大学或通过非大学机构开始攻读学位，同时可以免修先前已经完成的学习。在这种情况下，免修学习时间的意思是减少一到两年的学制时间，从而将三年制的学习时间缩短到一年。但是，特别需要注意一些事项，如与总入学的学生人数相比，如果该类别的学生人数较少，这会使他们完成学业的时间从六个月延长到一年。当然，学生也可以在非全日制基础上进行学习，这可以将三年制学位延长至六年。

从以上这些情况的发生可以看出，概率平衡论在一定程度上可确定为，投入对学生成功的影响将与平均三年内发生的事情有关。换句话说，任何一年的学生成功率都将取决于学生毕业那一年的投入。随后，为了提供更具可比性的评估，对这些比率进行均值计算。同时，为便于进行数据包络分析，所使用的软件是 DEAP 软件包，可从昆士兰大学免费获得。

根据分析结果，有五所大学的效率达到最高水平，分别是新南威尔士大学、墨尔本大学、神学大学、邦德大学和澳大利亚国立大学。即便如此，其他大学的效率水平也不甘落后，效率等级值从 0.839（维多利亚大学）到 0.973（悉尼科技大学）不等。

总之，这项研究提供了大学在实现学生成功方面的流失率和保留率水平上的绩效效率证据。结果表明，澳大利亚这五所大学都取得了很高的成就。同时，研究结果强调了使用 DEA 来评估绩效效率的相关实际措施。

第二节　层级分析法的应用

这一部分主要分析了 AHP 的不同应用。为了方便起见，这些应用被分为三类：第一类是基于主题的应用，第二类是特定的应用，第三类是与其他方法相结合的应用。这三类应用统称为基于主题的应用。而进一步来说，第一组的主题应用是选择、评估、成本—效益分析、分配、规划和发展、优先级和排名以及决策。虽然一篇研究文章可以根据主题覆盖范围分为两个标题，但在本书的分类目的中考虑了最合适的类别，以避免重复的现象发生。第二组包括预测、医学和相关领域的特殊应用。第三组包括应用于质量功能展开（QFD）的 AHP 分析。

一、筛选

曾有学者使用 AHP 进行软件选择，称为多媒体授权系统（MAS）。通过使用群体决策技术，其中包括六名软件工程师对三种 MAS 产品进行了评价。由此形成了四个层次组成的成对比较的层次结构，并对三级标准进行了评估。这些标准包括开发界面、图形支持、多媒体支持、数据文件支持、成本效益和供应商支持。六名软件工程师在接受了关于 AHP 使用的培训后，对其不同的标准进行了成对比较。为了达成选择共识，首选几何平均法，并且选择几何平均值较大的生产软件。在 AHP 培训会议后，为软件工程师准备了一份调查问卷。该调查问卷用于确定 AHP 对决策质量、间接效益、实际用户满意度和经济性的贡献程度。为了比较 AHP 与传统德尔菲法的适用性，还进行了一些 t 检验分析。参与者（软件工程师)一致认为,AHP比德尔菲法更容易接受。

为了实现产品的快速开发,国外学者根据有关科学发展模式的理论,提出了一种技术发展的管理模型。在提出的模型中,整合了成本效益分析模型、决策有效性模型和从时间压缩技术(TCT)中选择的通用标准模型。

在第一阶段,建立了灵敏度分析和中性线稳定性模型。中性线稳定性模型是使用当前技术和业务实践的说明性数据来对现金流进行预测。这是考虑到公司需要根据自己的特定数据进行调整,以获得特定产品的准确结果。该分析已成为成本效益分析模型的一部分。

在第二阶段,构建决策有效性模型,以调查在多大程度上可以根据先前的数据分析来计算产品成功的概率。

在第三阶段,准备通用标准和次级标准。所有这些标准都需要根据公司的要求进行优先排序,其中有三个基本的线路标准被列入优先考虑的范畴,这都可通过AHP和Expert Choice软件来完成。因此,建议的模型有助于监控决策的有效性,并且决策模型有助于使用AHP整合定量和定性分析变量。

AHP应用于项目管理领域中,主要是以选择最佳承包商为主。它为资格预审标准和希望获得项目资格的承包商构建了一个层次结构。每个承包商的经验、财务稳定性、质量绩效、人力资源、设备资源和当前工作量等可作为评估的基本标准。然后,根据上述不同标准,将每个承包商与另一个承包商进行成对比较。同时,对不同标准进行排序,以确定每个承包商的总体优先级。并且再根据这一总体优先顺序,选择了最佳承包商,被选中的承包商具有最高的总体优先价值。

AHP还可以广泛应用在一种针对便利店进行定位和选择的四步算法(CVS)中,这是因为该方法比传统方法更有优势。传统方法提供了一套系统解决问题的步骤,而没有涉及决策因素之间的关系。有学者利用模糊步骤和AHP提出了一种新的决策支持理论,这个新的理论由四个步骤组成:第一步包括形成至少由三个级别组成的层次结构。第一级代表问题的总体目标和重点,第二级包括评估备选方案的标准,而第三级列出了次级标准。在使用该理论的案例研究中,选择了来自11个地区的34家商店,并根据43个因素或标准进行了评估。根据实际调查获得的数据,对37个标准进行了评估。第二步包括权重测定。在设计好一份调查问卷后,对其标准进行两两比较。为了便于回答问卷,使用了基于模糊逻辑的五点量表,但建议使用九分制量表更为合理。第三步和第四步是数据收集和决策,选择具有最高值的CVS作为参考标准。

二、评估

国外学者福列塔（Foglietta）和阿尔宾（Albin）提出了定量感官小组和专家意见数据的分层方法。这种分层方法主要有两个方面的贡献：第一个贡献是将分层方法用于计算不同产品的加权或复合性能指标。AHP及其扩展应用于创建定量、专家意见和感官面板数据的权重。这些权重依次用于优化实验控制因素的水平。第二个贡献是使用间接成对比较方法收集和分析数据的过程，这一过程是在15厘米的线性刻度上完成的。这种方法可以使小组成员逐渐减少偏见，同时由于疲劳条件的限制，专家小组成员可以比较相对较少数量的产品。为了满足这些方法的要求，提出了一种五步七级分层方法。在这一方法中，对定性响应进行了评估，并同时对数值进行了标准化处理。该程序利用意愿函数将响应重新调整为0—1级。两位学者还通过一个数值例子总结出了评估方法。例如，对八种奶粉产品的评价是基于三种反应：第一种是水分和脂肪含量，第二种是奶味强度，第三种是八种产品的奶味。从底层到顶层一共七层结构。该方法首先计算产品定量响应的权重向量。其次，小组成员判断权重向量；再次，使用专家意见矩阵评估专家小组成员的能力。最后，专家意见矩阵被用来获得产品的权重。除了对产品进行评估外，运用该方法还有助于选择最佳产品。

此外，国外学者福希奥内（Forgione）和科利（Kohli）还使用AHP来评估期刊质量。其方法是将多个标准整合为期刊质量的综合衡量标准，并讨论了数据收集过程。国外学者萨迪（Saady）等人考虑了AHP的高级版本，即解析网络过程（ANP），用于评估环境意识制造计划。其评估的程序类型包括从产品设计和材料选择到可与标准装配程序并行实施的主要拆卸程序。国外学者利伯拉托尔（Liberatore）和斯蒂利亚诺斯（Stylianos）开发了一种被称为市场战略评估的系统，该系统使用了评分模型、逻辑表和层次分析法。它提供了必要的决策支持，以便评估是否应该进行候选产品的全面开发。该系统可以独立运行，也可以与评价系统相关联。

三、效益—成本分析

AHP模型由四个阶段所组成，包括构建问题以建立层次结构、通过成对比较收集数据、确定优先级和分析问题的解决方案。在AHP模型的四个层级结构中，成本和收益是独立核算的。就效益而言，目标构成第一级，成功因素及其进一步分类构成第二级，确定的收益构成第三级，而实施EMS的决定构成第四级。在成本这一级结构中，收益层次结构中的第三级参数由成本参数替换，其他参数保持不变。由 6 名成员组成的团队需要对层次结构中的参数进行评估，这是在访谈技术的帮助下进行的，而不是遵循通用的问卷格式，以提高评价计划的透明度。在评估过程完成之后，建立了综合判断模型，并计算了效益与成本的比率。收益与成本（实施）比率的高低，直接决定了是否实施基于 ISO 14000 的环境管理体系。

管理态度、产品开发、组织变革以及具有次级标准的实施方法等成功因素可作为评估的基础。AHP 提出了用较少的定量信息使决策的思维过程数学化，从而为多目标、多准则或无结构特性的复杂决策问题提供简便的决策方法。效益评估表明，如果正确实施并行工程，提高产品质量和缩短产品开发时间将是首选效益；在成本分析方面，初始变更成本以及培训和发展成本是所有成本参数中的主要成本参数；最后，根据早期研究的结果，在成本和效益层级的基础上进行了成对比较，并推断出总体效益超过了成本。

实际上，很多方法并未直接涉及收益—成本分析，而是通过使用 AHP 来处理绩效成本分析。本书对此进行讨论，有两个方面的原因：第一，任何收益—成本分析都可以修改为所需的条件；第二，本书中使用的方法可以适当地修改为类似方案上的收益—成本分析。

四、分配

外国学者拉曼纳森（Ramanathan）和甘内什（Ganesh）将 AHP 用于资源分配问题方面。将 AHP 获得的优先级用作 LP 格式中函数的系数，即收益与成本的比率用作系数。由此，可确定这些方法失败的领域以及即将运行的领域。为克服早期方法中存在的缺陷，现有模型采用了预期优先级（EP）和收益—成本（BC）方法来解决此问题，并通过成对比较法获得优先级，同时考虑了假设单一定量的标准和线性效用。结果表明，当考虑使用直接标准时，这两种方法都能给出理想的结果，但这并不符合相关要求。因此，建议采用一套由混合标准组成的新方法，以达到解决此问题的最终目的。

外国学者科佩拉（Korpela）等人将 AHP 和混合整数规划（MIP）相结合，首先用 MIP 将多个目标按照优先级排序并确定各个目标的最低可接受水平，将其作为限制条件，计算出最高目标的优先值；然后以高级目标优先值作为限制，计算出较低层次目标的最优值，逐步降低高级目标的限制，并计算出一系列的答案，再将这一系列的答案用 AHP 进行排序，从而得到最优方案。该方案考虑了与风险相关的客户或供应商关系、客户的服务需求和供应商的策略等因素。郭（Kwak）等学者应用 0—1 多目标规划模型对高校信息基础设施资源进行了合理的规划与分配。AHP 用于辅助模型分配适当的权重来确定项目目标的优先级。阿赛德尼克（Ossadnik）应用 AHP 判断了合作伙伴的绩效潜力对协同效应的影响程度，并试将协同效应（公司在单独运营时可以预期资本盈利能力之间的差异）分配给合作伙伴。同时，系统随机模拟存在着三个冲突的目标，它们分别是平均吞吐量（最大化）、平均在制品（最小化）和平均流动时间（最大化），以生成一组看板可视化分配表。

五、规划和发展

2015 年，朝鲜半岛冲突情景规划分析的一部分采用了 AHP。此次事件在规划中使用了一些定量方法、层次分析法和混合整数线性规划。在这次情景规划事件发生的过程中，首先运用层次分析法对每个战役中任一规划任务的重要性进行了分析。在冲突期间，有 5 个不同的任务需要完成。基于这些观察，开发了按活动阶段划分的任务重要性进行联合分布。同样，对于战争，确定了 4 个阶段；专家的职责是对每个阶段的重要性进行比较和排序。为此，海军和空军的 15 名高级官员也参与了分析。

在分析中，混合整数线性规划中使用随机任务的重要性参数来优化（最大化）效能。为了得到合适的舰队组合，从狄利克雷分布中随机抽取权重，优化每个船队的中标概率。可见，通过开发一个决策工具来衡量船舶性能的基础，在此基础上就可以对舰队进行优化和有效的分配。

六、决策

有学者使用层次分析法解决了一个教育决策的问题，该决策问题主要是一个关于考试作文的选择问题。根据考试作文命题的目的，可以对测试问题和结果进行意愿选择。作者在文中提到，考试的结果用来衡量学生所学知识的理解程度，并帮助学生进行个性化学习。从庞大的数据库中选择考试试题成为一项关键性的工作。如果要考虑内容形式、正确率、难度分布等要素，问题选择就变得更为复杂了。为了解决这一问题，采用了一个两阶段决策支持系统。首先，利用分支定界法给出了一些方案，然后由老师确定计划，通过考虑两个不同的因素来构建不同的备选方案。这两种备选方案可以是，学生是否能在考试内容范围内给出答案以及学生是否能在给定的时间范围内解决问题。通过建立层次结构，对考试问题进行必要的组合和选择。为此，可以构建一个三层的层次结构图：第一层是通过的决策；第二层是不同的标准，即回答的可能性、必要的时间、困难的平衡性和适当性；第三层是备选方案阶段。在此基础上，可选择一个最优框架进行执行。

综上所述，层次分析法主要用于主题领域的选择和评价。在应用领域方面，层次分析法主要应用于工程、个人和社会领域。这将有助于研究人员判断层次分析法在自身感兴趣领域的适用性。

第四章 我国农村教育支持绩效评估指标体系构建

构建绩效评估指标体系是绩效评估工作的中心环节。建立一套科学有效的绩效评价指标体系是绩效评价成功的重要保证。本章重点阐述了如何设计农村教育支持绩效评价指标体系，论述了我国农村教育支持绩效评价指标体系的基本概念，基于"投入产出理论"和"层次分析法"设计了绩效评价指标体系，并对投入指标和产出指标的绩效评价进行了比较分析，在此基础上，探讨了我国农村教育支持绩效评价指标体系的特点及未来发展趋势。

第一节 我国农村教育支持评估指标体系构建依据

自20世纪80年代我国开始启动国家教育发展计划以来，教育一直是脱贫的重要途径和内容。1986年以来的教育政策体系随着脱贫主要原则的改变可分为1985—2000年、2001—2010年、2011—2020年三个阶段。过去的经验表明，教育是脱贫的重要途径，也是脱贫的主要目标。总的来说，教育支持工作经历了三个阶段，分别是消除文盲、获得教育和教育公平、高质量教育和有针对性的脱贫。教育支持是五种有针对性的脱贫机制之一，说明教育支持在我国教育资助政策体系中达到了新的高度。

一、政策依据

（一）输血式帮扶和教育是政府行动中的主要角色

脱贫工作的总体目标是确保8000万农村偏远地区人口的基本生活必需品。与教育和学习相比，农村人口最关心的是生存问题。因此，政府直接采取措施为农村人口带来经济利益并增加粮食产量，帮扶概念侧重于外部干预，而帮扶措施很少关注农村人口的观念、能力和素质。教育部等四部门引发的《关于实现巩固拓展教育脱贫攻坚成果同乡村振兴有效衔接的意见》中的重点任务有四个：一是继续巩固"义务教育有保障"的成果；二是针对家庭经济困难学生的专门支持；三是做好脱贫攻坚和乡村振兴有效衔接中的重点工作；四是强化对口帮扶。同时，为成年人提供职业培训和技能培训，使大多数中青年劳动者能够掌握一两项实用技能。并且，要求教育部门推进农村偏远地区的教育改革，普及初等教育，提高农村中青年劳动力文化水平以及专业技能，加强成人教育和职业教育。

与20世纪90年代的经济社会发展水平相似，中国人民总体受教育程度较低，因此资助教育的首要目标是"普及初等教育"，重点是消除文盲。在此期间，政府发布了《关于教育体制改革的决定》《中国教育改革和发展纲要》《关于深化教育改革全面推进素质教育的决议》等三个教育方面的重要文件。这些重要的教育政策都不同程度地侧重于"普及"基础教育。整个教育资助体系都处于初级阶段，更不用说教育发展质量和不同阶段的具体内容设计了。

（二）发展型帮扶，综合教育支持政策作为政策工具

由于联合国大多数成员国未能实现千年发展目标，输血式帮扶的传统理念面临巨大挑战，人们已经开始认识到，赋予穷人权利和能力建设有利于减少重新陷入贫困的发生率，巩固脱贫成果，促进农村人口和地区的可持续发展。作为唯一提前实现千年发展目标的国家，中国还强调以发展为导向的支持战略。

《中国农村扶贫开发纲要（2001—2010）》首次将面向发展的扶贫政策制度化，提出增强农村人口自我发展能力、坚持全面发展、提高农村地区人民的科学文化素质的要求。纲要指出，"提高群众的综合素质，特别是科学文化素养，是增加农村群体收入的重要措施，也是促进农村地区脱贫致富的根本途径"。因此，必须将农民的科学文化培训作为教育开发的重要内容。大力巩固基础教育，提高农村人口的教育水平；结合农科教，统筹普通教育、职业教育和成人教育，通过不同类型的职业技术学校和短期培训，提高农民掌握先进实用技术的能力。统筹普通教育，职业教育和成人教育三管齐下的教育政策，满足了农村偏远地区家庭的教育需求，是整合普通教育与职业教育相结合、推进农村教育改革的有益探索。

综合教育支持政策，如财政支持、教师能力建设、国家教育标准等，是教育支持政策的工具。2010年，中央首次发布了关于学前教育的发展意见，并启动了《全国学前教育三年行动计划》，为服务偏远地区儿童和进城务工人员子女的

学前教育需求提供了直接的政策依据。

财政拨款额度中的429.2亿元（人民币）用于中小学的维修改造，其中约有1228万名学生从41.7亿元（人民币）的财政补贴中受益，此项拨款主要用于解决2010年中西部家庭经济困难寄宿学生的生活费问题。教育支持政策既要服务于国家资助目标，又要满足教育自身改革发展的需要。虽然教育帮扶是脱贫攻坚的政策工具之一，但在第二阶段仍处于边缘地位，并在未来更加注重唤醒农村人口的自我意识。

（三）从依靠外部力量到自力更生，教育支持政策参与国家政策战略顶层设计

与前两个阶段相比，中国脱贫第三阶段的显著特点是不依靠外力脱贫，重视穷人本身。教育支持，就是把教育作为帮扶的目标、内容或领域，采取政策支持、增加投资、结构调整等措施，减少和消除文盲。教育被纳入国家帮扶计划，不仅作为一项教育支持措施，而且作为内容和目标的一部分，还设定了量化目标和截止日期。《中国农村扶贫开发纲要（2011—2020年）》提出，到2020年，将农村地区人民基本公共服务主要指标提高到接近全国平均水平；同时在教育领域也提到，到2020年，基本普及学前教育，进一步完善义务教育，确保普及高中阶段教育，加快发展远程继续教育和社区教育。2021年，习近平总书记强调："乡村振兴，人才是关键。"人才振兴是乡村发展的基础。

中国政府重视教育支持政策工具的意识逐渐提高。《中国农村扶贫开发纲要（2011—2020年）》21次提及"教育"的频率，具体而言，从教育支持的目标和内容来看，16次提到"教育"，5次提到措施，包括资助中等职业教育、组织志愿者接受教育、为公务员提供有针对性的培训、为不同类型和层次的在校学生提供关于中国脱贫政策的教育。中共中央、国务院《关于打赢脱贫攻坚战的决定》24次提到"教育"，誓言要通过教育发展、产业发展、移民安置、生态补偿和社会保障等方式来保障脱贫。2021年2月，中共中央办公厅、国务院办公厅印发《关于加快推进乡村人才振兴的意见》，明确指出要大力培养本土人才，引导城市人才下乡，推动专业人才服务乡村，吸引各类人才在乡村振兴中建功立业。长期以来，通过经济手段增加人民收入一直被认为是有效的政策工具，也是脱贫攻坚的政策工具。但在这个阶段，教育首次被用作与经济和产业政策工具相当的"独立"政策工具。

二、理论视角

在过去的几十年中,许多国家已开始采用基于绩效的资助方法来向高等教育机构分配资源,以应对公众对有效使用纳税人资金施加的压力和不断升级的教育需求。在美国,州一级政府采用问责制已取得了稳步的发展,截至2013年已有22个州采用或正在采用绩效资助方法。在欧盟,绩效资助方法已成为许多国家公认的标准做法。自1980年以来,英国一直根据高校对学术表现的定期评估向高校拨付科研基金预算。其他一些欧盟国家(比利时、丹麦、芬兰、挪威和葡萄牙)遵循"挪威模式",根据科研产出分配一定比例的政府资助资金。

尽管绩效资助的有效性已在许多国家得到验证,但在中国的使用却很有限。像大多数公立大学在高等教育中起主导作用的国家一样,中国政府对高等教育机构的资源分配具有很强的控制力。政府财政拨款是中国大学最重要的经费来源,平均占大学总经费的55%。政府资助资金的绝大部分是专门针对少数大学的特殊资助计划而进行分配的。其中,最著名的资助项目是"211项目"和"985项目"。211项目是由教育部于1995年发起的,是一项长期的资助计划,主要目的是支持选定的大学实现世界一流的科研水平和教学质量。截至2011年,共有116所大学被该计划录取。与211项目相比,1998年启动的985项目是一个类似但更具选择性并保证资金充足的支持项目。该项目一开始只涉及9所顶尖大学,到2011年逐步扩展到39所大学。尽管像211项目和985项目这样的特殊资助项目被认为可以大大提高中国大学的绩效评估力度,但对这些项目的批评却很普遍。批评主要集中在三个方面,即差距、效率低和缺乏参与大学的绩效评估。从2009年到2013年,超过72%的政府研究基金用于211项目和985项目中的116所大学,而其余28%的资金资助了剩下的约2000所大学。同时,参与该资助项目的大学之间也存在着巨大的差异。与此同时,这些项目的效率也受到了打击。在参与985项目资助的大学中,有证据表明,较低级别的大学获得的财政支持较少,其研究产出的提高速度比最著名的大学更快,而后者获得的支持反而最多。研究还发现,参与这些项目的一些大学没有充分利用自身获得的研究资金,有些甚至挪用了该笔研究资金。最后,虽然项目通常要求对参与大学进行绩效评估,但在实践中,评估结果在资金分配中没有太大的分量。

在认识到现有资助项目的困境后,中国政府决定进行重大改革,建立新的资助体系。新的资助体系被正式指定为"双一流"计划,并于2015年公布,旨在建设世界一流大学和世界一流学科。人们普遍认为,在未来,该计划将在中国高等教育的政府资助中占据主导地位，并将对中国大学产生深远而持久的影响。为了回应对 211 和 985 项目的批评，双一流计划将绩效资助方法作为改革的核心支柱之一。该计划声称，政府对选定大学的资助将根据表现进行动态调整。还进一步强调，表现不佳的学校应该受到惩罚，减少支持，甚至被踢出该项目。

针对我国教育体制的转型，本书提出了基于投入产出分析绩效的资源配置模型。作为迎接挑战的第一步，管理者和决策者需要衡量教育的绩效产出。为此，通过数据包络分析（DEA）进行效率评估已被证明是一种有用的方法。DEA 是一种数学规划方法，用于对一组生产单元（在 DEA 术语中称为决策单元）的性能进行基准测试。近年来，DEA 在大学评估中的应用已成为管理学、教育经济学和公共政策等领域一个重要而有吸引力的研究课题。DEA 的优势在于两个方面。第一，DEA 是一种非参数方法。因此，不会对大学的生产过程假设任何函数形式。第二，DEA 处理多个输入和输出的能力使其成为一种很有吸引力的评估工具，因为学校自然会将研发人员、行政机构、学生和教育经费等多个输入转化为科研论文、专利和知识转移等多个输出。DEA 确定了需要进一步改进的不良表现，以及应该作为其他机构榜样的良好表现。同时，效率评估结果也可作为资源分配的依据。中央政策制定者通过调整分配，使其所有学校的总产出最大化。

从概念上来讲，本书的研究建立在三个文献流的交叉点上，即教育绩效评估、资金与绩效之间的关系以及基于绩效的资源分配。在研究方法方面，该研究与 DEA 在教育绩效评估中应用的文献相关。本书采用 DEA 方法，将多个输入和多个输出同时考虑，构建整体绩效指标。在以往的研究中，DEA 在教育绩效评估中的应用已经受到了广泛的关注。公共部门的资源分配一直是一个非常重要的问题，并得到了广泛的研究。当一个领导者在负责一个组织的分配决策时，这个问题就显得尤为重要。在基于 DEA 的资源分配的文献中，有两种比较流行的方法：第一种方法是解决一个线性规划问题，以确定输入和输出的分布，而无须明确计算出每个组织的效率。第二种方法是遵循两步程序，其中效率在第一步中得出，并在第二步中用作分配的基础，这两种方法已广泛应用于各个领域。

教育帮扶的目的是通过提高农村人口的素质，将脱贫变成农村人口的自觉行动，使农村家庭户从被动接受援助转变为主动寻求摆脱文盲的机会。教育支持是提高劳动者的综合素质，帮助农村人口提高脱贫能力，从而防止文盲的代际传递。教育水平低是造成教育落后的重要原因，观念落后、知识和技能匮乏也是如此。

2014年，Peters和Besley认为，缺乏学习机会使新西兰更多的儿童陷入危机和困境。教育是减少和消除文盲的根本途径，因为教育可以提高劳动者的综合素质，帮助农村家庭提高经济收入和整体文化程度，从而防止文盲的代际传播。摆脱文盲首先需要摆脱落后的观念和思想，通过教育支持的努力应该集中在提高农村人口的素质和技能上。中国学者对教育环境中的落后分析与国际理解上有一些相似之处，认为缺乏接受学校教育和终身学习的机会加剧了偏远地区的落后程度。权力决定着教育体制和文化资本的分配和再生产，农村群体在市场竞争中普遍缺乏必要的文化资本。政府应及时解决因调整教育支持相关政策而造成的社会不平等问题。可见，发展农村人口教育以提高其综合素质是必要和有效的途径。

教育帮扶是世界脱贫行动的重要组成部分。国际实践经验表明，教育帮扶具有很高的脱贫弹性。2010年，高收入国家74%的人口完成了高中及以上学历，而在即将跨越中等收入陷阱的OECD国家，这一比例为72%；在中国，这一比例仅为25%左右，但在2017年翻了一番，达到了50%。然而，2017年的调查发现，中国农村63%的儿童从未上过高中。城乡之间和不同群体之间的受教育机会差距很大，尤其是农民，一直是弱势群体。根据国家统计局的统计数据，截至2018年底，中国有2.65亿0~17岁的儿童，占中国总人口的18.7%。城乡之间、不同地区之间以及其他方面存在着教育不平等的现象。具体而言，义务教育阶段的农村儿童比城市儿童更差，农村儿童在2000年至2015年的15年中处于最不利的地位。2015年6~17岁的630万农村儿童中，大约有387万名农村儿童未完成义务教育；在高中阶段的12~17岁非在校儿童中，农村儿童的比例超过了60%。

世界银行与国务院发展研究中心联合项目组指出，与其他公共部门一样，教育部门具有垄断性或准垄断性，以至于提高效率和治理的动力不足。择校费和其他杂费使重点学校在资助能力上有别于普通学校，并将大量学生拒之门外，城乡差距也必将拉大。只有20%到30%的农村学生能上普通高中，与城市同龄人中70%的学生形成了鲜明的对比。农村学生高中入学率低的一个主要原因是高费用和机会成本的上升所导致。考虑到中国未来的社会和经济发展需求以及从中等收入国家向高收入国家转移的国际实践经验，项目组认为，提供免费高中教育对中国来说至关重要。学前教育的缺乏很难用后续的学校教育来弥补，农村幼儿的学前教育水平是改善中国学前教育的关键。项目组建议，中国政府未来应重点向农村偏远地区倾斜教育补贴,并逐步向中西部省份的农村地区和农民工子女倾斜。

本书的理论框架基于这样一个概念,即教育政策的有效执行是实现社会正义的有效途径之一。美国社会政策最显著的特征之一是相信公共教育有能力纠正不平等机会和消除贫困。教育改革也是联邦政府青睐的解决教育落后问题的办法。尽管一些研究人员认为落后与教育之间存在修正,但至少在中国当前的社会和历史背景下,教育可以有效地防止落后。农村家庭受教育程度越高,收入越高,改善生活环境的积极性也越高。

第二节 构建农村教育支持绩效评估指标体系

一、农村教育支持绩效评估指标体系的特征

教育支持是促进中国教育事业发展的主要内容。第一,教育支持政策应以义务教育为重点理性目标;第二,针对农村教育落后的问题,要加强教育支持的分类和分层以及教育资助政策的针对性;第三,政府应将多样化的政策工具和教育支出补偿转向教育能力建设;第四,积极完善教育资助政策绩效量化评估及政策调整的目标机制;第五,教育帮扶作为教育支持工作的重要措施,努力将教育帮扶纳入国家脱贫攻坚战略和规划。中国教育支持政策有以下五个基本特征。

(一)以九年义务教育为重点的理性目标

一方面,在全国教育帮扶行动中,虽然不同地区的教育普及程度不同,但义务教育仍然是教育帮扶政策的重要组成部分。《国家八七扶贫攻坚计划》侧重于五年或六年初等教育,消除文盲是一些贫困地区教育支持工作内容的主要组成部分。在21世纪的前十年,中央人民政府从两个方向扩大了教育支持的阶段,特别是在基础教育之前的学前教育和基础教育之后的高中教育。在学前教育方面,政府重点通过改造或新建幼儿园来扩充资源。在中等职业教育和普通高中教育方面,将免除学费和给予生活补贴的方式列入教育支持工作措施的主要内容。为与2020年全面建成小康社会的第一个百年奋斗目标相一致,政府在第三阶段提出了义务教育均衡发展和质量的要求,并建立了义务教育均衡发展的监督和评估机制。

另一方面，义务教育在中国特色社会主义教育体系中占有举足轻重的地位。《中华人民共和国义务教育法》规定，所有适龄儿童和青少年都必须接受义务教育，国家必须保证这项公共事业的顺利开展；同时，义务教育阶段不收取学费和杂费。根据《中华人民共和国教育法》，国家实行九年义务教育，各级政府应当采取多种措施保障适龄儿童、青少年接受教育。《中华人民共和国教育法》于1995年制定，颁布时间比《中华人民共和国义务教育法》晚了10年，但与1994年启动的第一个国家扶贫计划的开始时间一致。《中华人民共和国教育法》规定义务教育期限为9年，强调义务教育具有强制性的、免费性和普及性。可见，义务教育是教育法律政策体系中最重要的组成部分。

（二）加强教育支持的分类和分层以及教育资助政策的针对性

中国的教育落后问题具有区域性特点。中国现有14个集中连片地区，覆盖832个县都存在教育资源相对匮乏的状况。同时，在20多个省份分布了12.8万个建档立卡分级村户，农村人口超过4300万。农村区域分组内部也存在一定的差距。当今的中国，教育落后主要表现在财富和福利的相对剥夺，而不是传统的经济落后，落后程度也各不相同。从群体上看，深度落后人口主要包括残疾人、独居老人和长期无法工作的患者，以及一些因受教育程度低而缺乏技能的农村人口。

针对教育匮乏的不同成因和农村人口的不同需求，中国政府制定了多样化的教育支持目标和措施。在生态驱动移民的情况下，政府集体安置农村人口，并制定针对学龄人群的基本公共教育和服务规划。发展特色产业使农民发家致富，政府大力支持农村群众，主要是通过职业教育和培训体系提高农村人口的职业技能和素质。如第一阶段的实践技能培训、第二阶段的科学素养培训、第三阶段的中等职业教育，以及各县重点建设中等职业学校的倡议。同时，政府还为农村残疾人提供优质的教育服务。新时期，非农收入对农村家庭户收入增长的贡献较大。在以家庭为主体的机制下，教育支持政策的推进作用显得更有针对性。

（三）多样化的政策工具和教育支出补偿转向教育能力建设

传统的教育支持政策主要采用财政政策工具，即提供、免除或减少义务教育的学费。近年来，营养餐、乡村教师队伍建设及重点高校定向招生政策等非财政政策工具也被合理运用。从1985年的《关于教育体制改革的决定》到2013年的《关于实施教育扶贫工程意见的通知》，财政手段和保障农村偏远地区人口接受义务教育的目标已经被多次强调。自2010年以来，国家每年出台一项教育支持政策，学生资助制度从义务教育扩展到普通高中教育、学前教育和中等职业教育。2007年，国务院发布《关于建立健全普通本科高校、高等职业学校和中等职业学校家庭经济困难学生资助政策体系的意见》，加大对高等教育阶段偏远地区农村学生的资助力度。除了免除课本费、学费和杂费外，政府还采取灵活多样的政策补贴住宿费、交通费和营养餐，并提供各种助学金、奖学金和折扣贷款。中央财政在地方财政支出的基础上加大补助力度，出台优惠政策，引导社会力量为家庭经济困难学生提供助学金和奖学金。政府鼓励私营企业、社会组织和个人参与脱贫开发；鼓励社会组织通过政府购买服务的方式，开展以户为单位的教育帮扶。特岗计划优先满足农村偏远地区的需求，国培计划优先支持农村落后县的乡村教师和校长培训。此外，国家将继续在国家、地方和大学层面实施定向招生计划，并在同等条件下优先录取来自农村家庭的学生。

（四）完善教育资助政策绩效量化评估及政策调整的目标机制

评估教育支持政策的绩效，即分析评价教育政策实际结果，决定是否延续、改进或者取消，对整个教育政策的制定有着检验和指导作用。基于量化评价指标对教育支持政策进行量化评估，能为教育支持工作提供启示与参考。以区域、县为基础的输血式帮扶难以实现涓滴效应，随着国家农村脱贫攻坚成果的巩固与实现，帮扶重点县的农村人口经济收入水平已得到极大的改善，基本脱离了经济落后的困境，以经济水平为基础的县域定位机制受到质疑。县域定位机制不再适合农村的新人口结构——有的大面积聚居，有的生活在小区域的个别集中社区中。因此，该机制容易导致教育帮扶目标偏离和教育资源利用效率低。21世纪第一个十年采取以村为基础的战略，改善了教育支持工作的效果，但农村部分人口的文化水平和素养仍然不高。随着国家教育政策实施目标机制的调整，自20纪末以来，家庭户已成为教育支持政策的主体。从现有的农村人口数量来看，教育支持工作主要针对20多万户登记在册的农村家庭。但是，由于社会资本、个人观念、孤立和社会排斥等因素，仍有一些农村家庭没有得到保障。因此，国务院开发办领导小组办公室完善了登记机制，呼吁建立动态调整机制，使教育支持工作更具针对性。《教育脱贫攻坚"十三五"规划》承诺，到2020年，确保登记在册的农村人口能够获得基本公共服务，不会出现学生因家庭困难而辍学的情况。

（五）将教育帮扶纳入国家脱贫攻坚战略和规划

教育问题是中国脱贫攻坚巩固的工具之一，并占据越来越重要的地位。《国家八七扶贫攻坚计划》共7225字，其中涉及教育的内容（222字）约占0.03%；《中国农村扶贫开发纲要（2001—2010年）》共6529字，其中涉及教育类内容（181字）约占0.03%；《中国农村扶贫开发纲要（2011—2020年）》共10132字，其中涉及教育505字，约占0.05%。总体而言，21世纪前10年教育在相关政策中的地位低于20世纪末和2010年以来的第三阶段。在政策发布频次上，第三阶段推出的政策最多：从2012年到2016年，一共有10项关于教育帮扶的重大政策出台，或者平均每年出台2项政策。2004年、2005年、2012年和2015年每年出台三四项政策，已超过21世纪初的任何其他年份。从比较中可以看出，教育在国家帮扶行动中的地位呈现出U形趋势。

教育帮扶在中国教育支持政策体系中的地位逐步提升，教育帮扶效果量化指标被作为教育支持工作的绩效指标。教育帮扶作为越来越重要的教育支持工作措施，为发展中的教育政策理论做出了贡献，同时，也为全球教育发展提供了公共治理经验。

二、构建农村教育支持绩效评估三级指标体系

（一）一级指标的构建

在探讨了教育支持绩效评价指标体系构建的理论基础之后，笔者将从投入、产出和满意度三个维度来构建指标体系的一级指标。本书从"投入"的角度出发，构建了"教育经费"和"师资队伍与资源"两个一级指标，试图从教育经费资助学校的硬件和软件两个层面对教育支持政策的绩效进行评估。本书从"产出"的角度出发，建立了两个一级指标："教育质量"和"资助成效"。教育质量是衡量教育发展水平的基本指标，该项指标直接反映了某个地区教育质量发展的水平和教育政策实施的效果；资助成效是实施教育支持政策的间接效应，本书将其列为第四个一级指标。从"满意度"的维度出发，设置"满意度"为一级指标，下面构建两个二级指标，以便更具体、更清晰地评估公众对教育支持政策落实的反映情况。因此，本书为评估教育支持工作绩效而设计的一级指标体系为教育经费、教育质量、师资队伍与资源、资助成效和满意度。

（二）二级指标和三级指标的构建

本书在构建一级指标的基础上，结合当前教育支持政策实施的主要目标和内

容以及教育帮扶的本质内涵和价值追求，并结合农村偏远地区的实际情况，构建了教育资助绩效评估的二级指标和三级指标。

1. 教育经费支出中的二、三级指标选择

在教育费用投入调研的基础上，建立了两个相关的二级指标——财政拨款投入和办学条件投入。在"财政拨款投入"指标下，设置了三个三级指标，分别是教育财政支出占公共财政支出的比例、教师培训投入占教育公用经费的比例和学生财政拨款占教育公用经费的比例。在"办学条件投入"指标下，构建了三个三级指标，即校园基础设施建设支出、教学设备购置支出和教师宿舍建设支出。

2. 教育质量中的二、三级指标选择

根据政策的具体内容要求，本书在教育质量指标下构建了三个二级指标，即学校办学条件、各级教育完成情况和地方教育改善情况。学校办学条件主要是从学校硬件设施建设的角度来评价教学质量，各级教育完成情况主要是由学生的入学率和毕业率来表示，地方教育改善情况主要是指教育发展进程中产生的社会效益如何。基于"学校办学条件"的指标，考虑用义务教育阶段学校的数量、规模容量、班生额，学生人均用地面积，图书资料配备数量这三个指标来衡量。在设置"各级教育完成情况"的指标下，本书主要构建了九年义务教育完成率、高中阶段毛入学率和"9+3"免费职业教育完成率三个相关三级指标。"教育改善情况"是为了分析某地区的教育发展水平，在这一指标下设置了两个三级指标"教育政策的普及率"和"劳动力人口平均受教育年限"，其目的是显示某地区群众的受教育水平和社会对教育的认知程度。

3. "师资队伍与资源"指标下的二、三级指标

本书在这一指标下构建了"师资队伍""教师条件"及"教师待遇"三个二级指标。在"师资队伍"指标下，分别从师德师风建设成效、师资队伍建设质量、教师参加各级培训（国培、省培等）占比以及教师培训信息化技术时长平均值等方面建立了四个三级指标。"教师条件"是从教师的学历及职称的角度出发，设置了本科学历占比以及中级职称以上比例两个三级指标。"教师待遇"这一指标是根据西部某省教育厅调查教师队伍情况的数据统计，针对农村教师享受的生活补贴、绩效工资教师占比以及教师住房设置了三个三级指标。

4. 资助成效下选取的二、三级指标

由于是评估教育支持工作绩效，因此在评估过程中应着重关注农村偏远地区

教育资助的效益，而资助成效的评价主要是从社会经济效益和教育环境改善效果两个方面考虑二级指标。社会经济效益最直接的表现就是一个地区的生产总值、城镇居民人均纯收入和农村居民人均纯收入三个三级指标。为了更清晰地反映地方资助成效，本书对这三个三级指标进行了处理。因此，将地区生产总值、农村居民人均纯收入和城镇居民人均纯收入作为衡量社会经济发展水平的三个三级指标。教育环境改善情况主要体现在教育不足发生率和失业率这两个三级指标上。

5. 根据满意度选取二、三级指标

教育绩效评估必须与人民群众的政策满意度紧密联系，教育绩效评估满意度由"教育满意度"和"政策满意度"两个二级指标组成。在"教育满意度"这个二级指标下，主要是评估家长对教育质量的满意度和家长对学校办学条件的满意度，在"政策满意度"的指标下，主要是评估家长对教育政策的满意度以及家长对教育政策落实情况的满意度。

（三）构建教育支持绩效评价指标体系

1. 评价指标体系的初拟

为深入了解教育支持绩效评估的影响因素，在研究大量相关文献资料和专家访谈的基础上，依据德尔菲法原则，初步筛选出教育经费、教育质量、师资队伍与资源、资助成效、满意度5个维度来构建教育支持绩效评估指标体系的初选指标，准则层、要素层和方案层的拟定，详见表4-1。

表4-1 教育扶贫绩效评估指标体系初拟

目标层	准则层	要素层	方案层
教育扶贫绩效评估体系（S）	教育经费（A1）	财政拨款投入（B1）	教育财政支出占公共财政支出比例（C1）
			教师培训投入占教育公用经费比例（C2）
			学生财政拨款占教育公用经费比例（C3）
		办学条件投入（B2）	校园基础设施建设支出占教育经费总支出比例（C4）
			教学设备购置支出占教育总支出比例（C5）
			教师宿舍建设支出占教育总支出比例（C6）
	教育质量（A2）	学校办学条件（B3）	义务教育阶段学校的数量（C7）
			学生人均用地面积（C8）
			每百名小学生拥有计算机台数（C9）
			每百名中学生拥有计算机台数（C10）
			图书数量（C11）

续 表

目标层	准则层	要素层	方案层
教育扶贫绩效评估体系（S）	教育质量（A2）	教育完成情况（B4）	学前教育毛入园率（C12）
			九年义务教育完成率（C13）
			高中阶段毛入学率（C14）
			"9+3"免费职业教育 完成率（C15）
		地方教育改善情况（B5）	教育政策的普及率（C16）
			劳动力人口平均受教育年限（C17）
	师资队伍与资源（A3）	师资队伍（B6）	师德师风建设成效（C18）
			师资队伍建设质量（C19）
			教师的流动率（C20）
			教师参加各级培训（国培、省培等）占比（C21）
			教师培训信息化技术时长平均值（C22）
		教师条件（B7）	教师编制缺口率（C23）
			本科学历及以上教师比例（C24）
			中级职称及以上教师比例（C25）
		教师待遇（B8）	享受农村教师生活补贴占比（C26）
			拥有绩效工资教师占比（C27）
			有住房教师占比（C28）
	资助成效（A4）	经济效益（B9）	地区生产总值（C29）
			城镇居民人均纯收入（C30）
			农村居民人均纯收入（C31）
		教育环境改善（B10）	失业率（C32）
			教育不足发生率（C33）
	满意度（A5）	教育满意度（B11）	家长对教育质量的满意度（C34）
			家长对学校办学条件的满意度（C35）
		政策满意度（B12）	家长对教育政策的满意度（C36）
			家长对教育政策落实情况的满意度（C37）

（1）投入指标

在学校设置中，投入指标通常指的是学习者的素质、健康、营养、参与和学习的意愿以及家庭在经济和心理支持方面给予他们学习的支持。财政投入通常有助于提供教学材料、教科书、物理设施和设备，如实验室、教室、厕所/浴室、寄宿设施、文具、课外设施、座位、课桌和其他教学设施。这些设施应针对性别敏感问题等进行合理配置，并且让所有人都感觉舒适，以确保健康和安全。水与卫生设施、班级规模以及安全环境等主要因素是关键投入。教学内容的质量也很重要，以学生为中心和非歧视性的课程的独特的内容涵盖了算术、识字、生活技能和安全教育的所有领域，是质量投入的指标。教师、辅助人员、校长和校长助理等人力资源、师资队伍的经验、专业发展，教师的充足性，尤其是在师生比例方面的充足性是至关重要的关键投入。同时，对教师心理健康情况的关心力度也需要进一步提高。

时间资源指的是成员对时间的关注，这种时间关注包括教学时间的合理利用、会议时间的管理以及用于公共课程活动时间的质量。其他投入是在质量保证活动过程方面的体现。质量保证是指确保学习和教学资源得到适当和最大限度的利用以实现预期目标的过程。在学校，通过外部和内部检查的手段，可以对学校课程的实施情况进行监督，外部也可为教师和其他支持人员提供相应的服务，并根据明确定义的质量标准体系记录员工的考核、晋升和评分情况。

（2）过程指标

过程指标是指协调全校活动，以实现预期目标。课程实施过程中的教与学活动是学校最重要的活动内容。学校课程的设置、科目选择、时间表的有效性、教师日常课程规划的质量以及学校考试政策和学生评估模式都至关重要。有效实施流程管理的关键是管理支持，包括专业和支持性评估。学生理解沟通媒介的能力仍然是保证教学质量过程的又一指标。

在这个过程中要考虑的是教学过程和教学方法的恰当性。家庭作业的使用、教师对话的质量、学生学习过程的质量、学生的学习动机和学习进度以及学习的个人责任对教与学过程都至关重要。例如，独立思考和参与学习以及课内外学生之间的互动。非教学人员在学习过程中的贡献也是不能忽略的过程之一。

家校沟通，以支持学习和教学过程，以及提供有关学生进步的信息质量，对学校提高教学质量都很重要。学生支持过程中的教师关怀、指导和咨询以及对有特殊需要的学生提高关注力度显得尤为重要。同时，学生的教育需求、学校类型和学校所在的位置也需要得到关注。例如，干旱地区的学校和学校类型以及学校所在的环境都需要得到照顾；与经济水平高的地区及中等地区的学校相比，干旱和半干旱地区的学校会显得更加脆弱。同样，农村偏远地区学校的学生比城镇条件较好学校的学生更容易陷入困境。在一些农村偏远地区，受影响最严重的是女孩，她们极有可能会受到一些不公平的待遇，导致无法接受与男孩相对公平的教育。在其他情况下，由于父母希望得到一些嫁妆，女孩们可能会被要求过早结婚，以解决家中长期经济困难的状况。走读学校受到的影响最大，尤其是低收入地区的学校。另外，部分学校招收的学生人数较少，所以无法在资助教育活动和方案方面享受到更多的预算支持。从社会的普遍现象看来，在工薪家庭极力支持子女教育的地方，几乎所有的家庭收入都用于资助子女的教育，而在农村偏远地区的许多家庭则无法获得这项服务。相反，城镇家庭似乎更容易从教育中受益，因此社会贫富差距逐步扩大。

由于学校是实现教育目标最重要的目的地，因此建议学校领导应采用校本管理方法，并开发与学校管理效率和有效性相关的知识库，以实现学习者的教育目标。在脱贫攻坚与乡村振兴有效衔接的背景下，学校治理结构应针对自身的实际情况制订战略性计划，以满足最重要的组成部分——学生/学习者的期望和兴趣。

（3）产出指标

产出是指成效。成效是达到或实现工作或事业上的收获。为实现学校的使命和愿景而采取的干预措施包括班级规模、学校的保留率、学校的评估政策和程序、公开考试成绩、课外活动的表现以及获得有用的社会实践技能。与社区有关的成果包括人权知识和分析社会状况的能力、展示学习的自主性和对他人承担责任的能力，是高质量教育的重要指标。

经过批判性分析，如果没有适当的资金、时间和人力投入，上述素质教育指标是无法实现的。由于教育资源在投入不足的情况下提供优质教育所带来的挑战导致过程和产出受到干扰，因此参与者（政府和所有利益相关者）在提供教育方面的创新和创造力上显得至关重要。教育主管部门改革的滞后可能会阻碍增长。相反，及时推进改革可以在经济增长和教育帮扶方面取得成效，发达国家普遍在教育和基本人力资本方面进行了大量投资就是明证。

2. 专家咨询

（1）专家咨询表的编制

在查阅有关教育绩效评价文献、书籍及访谈等基础上，结合教育支持绩效的实际情况，初步形成反映教育支持绩效评价的指标层次。依据德尔菲法原则设计专家问卷，主要分为三部分：①专家基本情况，在综合考虑影响专家评价的各种因素后，主要选取专家的职称、教育年限、科研成果的基本情况。②指标重要性评判，运用李克特五级量表评分法将一、二、三级指标的重要性分为5个等级，即"很重要"（5分）、"重要"（4分）、"一般"（3分）、"不重要"（2分）、

"很不重要"（1分），请各位专家对指标的重要性进行评分（相应位置打"√"即可）。此外，专家可对原指标进行修改、删减和增加，并且将更改的具体意见填写在相应的空格中。③专家对咨询内容的熟悉程度和判断依据以及对问卷效度进行评价。

（2）选取咨询专家

文献显示，咨询专家人数以15—50人为宜。邀请教师、学生家长、学校领导及教育主管部门相关的人员30名作为课题的咨询专家。专家选取标准：①在教育领域工作，对教学支持相关政策有一定程度的了解；②本科及本科以上学历；③在相关领域具有10年以上工作经验；④态度积极，自愿参加课题专家咨询，确保在有效期限内完成咨询任务。

3. 专家咨询结果

（1）专家权威程度

专家的权威系数（Cr）由两个因素决定，一是专家对咨询内容做出判断的依据（Cs），二是专家对咨询内容的熟悉程度（Ca）。权威系数等于判断系数和熟悉程度系数的算术平均值。一般认为权威系数≥0.70为可信度高，意见可以采纳。其值越大，说明专家判断的科学性越大，结果可信度越高。

专家对咨询内容的熟悉程度分为很熟悉、熟悉、一般、不熟悉、很不熟悉五个等级，分别赋予不同的量化值。很熟悉=1.0，熟悉=0.8，一般=0.6，不熟悉=0.4，很不熟悉=0.2（见表4-2）。项目判断的主要依据分为理论依据、实践经验、国内外资料和直觉。其影响程度分为大、中、小，分别赋予不同的量化值（见表4-3）。

表4-2 专家熟悉程度评分

等级	很熟悉	熟悉	一般	不熟悉	很不熟悉
评分	1.0	0.8	0.6	0.4	0.2

表4-3 专家判断依据评分

判断依据	对专家判断的影响程度		
	大	中	小
理论依据	0.3	0.2	0.1
实践经验	0.5	0.4	0.3
国内外资料	0.1	0.1	0.05
直觉	0.1	0.1	0.05

本研究专家第一轮专家权威系数为 0.84，第二轮专家权威系数为 0.88，说明参与咨询的专家对本研究较熟悉，可以根据各种判断依据填写问卷，具有较高的权威性。第一、二轮专家咨询权威程度如表 4-4 所示。

表 4-4　专家咨询权威程度

编号	判断系数（Cs）	熟悉系数（Ca）	权威系数（Cr）
第一轮	0.80	0.88	0.84
第二轮	0.85	0.90	0.88

（2）专家意见集中程度

专家意见集中程度一般用标准各维度及条目的满分率及重要性赋值均数来表示，要求平均值大于 3.50，变异系数小于 0.25，满分率大于 20%。根据表 4-5 和表 4-6 可知，第一轮专家咨询中的变异系数大于 0.25，予以剔除；第二轮专家咨询的重要性赋值平均值、变异系数及满分率符合指标入选标准，说明咨询专家意见集中程度较高，对标准各层的意见较一致。

表 4-5　第一轮专家意见集中程度

指标	平均值 >3.50	标准差	变异系数 >0.25	满分率 >20%	修改情况
A1	4.57	0.626	0.137	63%	保留
A2	4.83	0.379	0.078	83%	保留
A3	4.8	0.407	0.085	80%	保留
A4	4.83	0.379	0.078	83%	保留
A5	4.83	0.379	0.078	83%	保留
B1	4.53	0.629	0.139	60%	保留
B2	4.4	0.724	0.165	53%	保留
B3	4.6	0.724	0.157	73%	保留
B4	4.37	0.809	0.185	57%	保留
B5	4.47	0.73	0.163	60%	保留
B6	4.63	0.615	0.133	70%	保留
B7	4.53	0.73	0.161	67%	保留
B8	4.93	0.254	0.052	93%	保留
B9	4.47	0.776	0.174	63%	保留
B10	4.53	0.629	0.139	60%	保留
B11	4.97	0.183	0.037	97%	保留
B12	4.87	0.346	0.071	87%	保留
C1	4.57	0.504	0.110	57%	保留
C2	4.83	0.379	0.078	83%	保留
C3	5	0	0.000	100%	保留

续 表

指标	平均值 >3.50	标准差	变异系数 >0.25	满分率 >20%	修改情况
C4	4.97	0.183	0.037	97%	保留
C5	4.53	1.042	0.230	80%	保留
C6	4.1	1.029	0.251	47%	剔除
C7	4.8	0.407	0.085	80%	保留
C8	4.77	0.568	0.119	83%	保留
C9	4	1.017	0.254	37%	剔除
C10	3.77	1.04	0.276	30%	保留
C11	4.1	0.885	0.216	37%	保留
C12	4.13	1.042	0.252	50%	剔除
C13	4.37	0.718	0.164	50%	保留
C14	4.5	0.63	0.140	57%	保留
C15	4.4	0.814	0.185	60%	保留
C16	4.47	0.86	0.192	67%	保留
C17	4.57	0.971	0.212	80%	保留
C18	4.5	0.861	0.191	70%	保留
C19	4.47	0.86	0.192	67%	保留
C20	4.1	1.094	0.267	50%	剔除
C21	4.53	0.73	0.161	67%	保留
C22	4.83	0.379	0.078	83%	保留
C23	4.1	1.155	0.282	50%	剔除
C24	4.53	0.73	0.161	67%	保留
C25	4.7	0.651	0.139	77%	保留
C26	4.53	0.973	0.215	77%	保留
C27	4.57	0.679	0.149	63%	保留

表 4-6 第二轮专家意见集中程度

指标	平均值 >3.50	标准差	变异系数 <0.25	满分率 >20%	修改情况
A1	4.27	0.828	0.194	47%	保留
A2	4.5	0.777	0.173	63%	保留
A3	4.9	0.305	0.062	90%	保留
A4	4.87	0.434	0.089	90%	保留
A5	4.67	0.547	0.117	70%	保留
B1	4.97	0.183	0.037	97%	保留
B2	4.67	0.606	0.130	73%	保留
B3	4.57	0.774	0.169	70%	保留
B4	4.67	0.547	0.117	70%	保留
B5	4.9	0.403	0.082	93%	保留

续 表

指标	平均值 >3.50	标准差	变异系数 <0.25	满分率 >20%	修改情况
B6	4.6	0.621	0.135	67%	保留
B7	4.6	0.724	0.157	73%	保留
B8	4.77	0.43	0.090	77%	保留
B9	5	0	0.000	100%	保留
B10	4.67	0.606	0.130	73%	保留
B11	4.87	0.434	0.089	90%	保留
B12	4.87	0.346	0.071	87%	保留
C1	4.83	0.379	0.078	83%	保留
C2	4.93	0.254	0.052	93%	保留
C3	4.77	0.568	0.119	83%	保留
C4	4.67	0.479	0.103	67%	保留
C5	4.03	0.964	0.239	40%	保留
C7	4.33	0.758	0.175	50%	保留
C8	4.4	0.814	0.185	60%	保留
C11	4.5	0.63	0.140	57%	保留
C13	4.97	0.183	0.037	97%	保留
C14	4.83	0.379	0.078	83%	保留
C15	4.9	0.548	0.112	97%	保留
C16	4.1	0.885	0.216	37%	保留
C17	4.77	0.568	0.119	83%	保留
C18	4.53	0.73	0.161	67%	保留
C19	4.73	0.583	0.123	80%	保留
C21	4.53	0.73	0.161	67%	保留
C22	4.5	0.509	0.113	50%	保留
C24	4.57	0.728	0.159	70%	保留
C25	4.6	0.724	0.157	73%	保留
C26	4.6	0.894	0.194	80%	保留
C27	4.57	0.728	0.159	70%	保留

4. 专家意见协调程度

专家意见协调程度一般用变异系数和肯德尔和谐系数来表示。第一轮咨询准则层、要素层、方案层的肯德尔和谐系数及变异系数见表 4-7 和表 4-8。相对于第一轮，第二轮咨询准则层、要素层、方案层的肯德尔和谐系数有所提高，卡方检验显示结果有统计学意义，证明结果具有可靠性。

表 4-7　第一轮专家意见和谐系数及显著性检验

项目	N	肯德尔和谐系数	卡方值	自由度	渐进显著性
准则层	30	0.163	19.520	4	<0.001
要素层	30	0.128	42.094	11	<0.001
方案层	30	0.188	146.700	26	<0.001

表 4-8　第二轮专家意见和谐系数及显著性检验

项目	N	肯德尔和谐系数	卡方值	自由度	渐进显著性
准则层	30	0.205	24.563	4	<0.001
要素层	30	0.134	44.294	11	<0.001
方案层	30	0.202	120.611	26	<0.001

第五章 农村教育支持绩效评估体系的实践

第一节 层次分析法的实证分析

一、构建层次结构模型

通过 2 轮德尔菲法筛选可以确定教育支持绩效评估指标体系，教育经费、教育质量、师资队伍与资源、资助成效、满意度构成准则层，财政拨款投入、办学条件投入、学校办学条件、教育完成情况、教育改善情况、师资队伍、教师条件、教师待遇、经济效益、教育环境改善、教育满意度、政策满意度构成要素层，具体层次结构如表 5-1 所示。

二、构造判断矩阵

本研究利用专家对各级评价指标重要性赋值均数的高低确定 Saaty 标度。假设 Z_{ij}、Z_{ik} 为某一级评价指标中任意两个指标的重要性赋值均数，为了构造判断矩阵，规定如下：

若 $0.25 < Z_{ij} - Z_{ik} \leq 0.5$，$Z_{ij}$ 比 Z_{ik} 稍微重要，Saaty 标度取 3；

若 $0.75 < Z_{ij} - Z_{ik} \leq 1.0$，$Z_{ij}$ 比 Z_{ik} 相当重要，Saaty 标度取 5；

若 $1.25 < Z_{ij} - Z_{ik} \leq 1.5$，$Z_{ij}$ 比 Z_{ik} 强烈重要，Saaty 标度取 7；

若 $1.75 < Z_{ij} - Z_{ik}$，Z_{ij} 比 Z_{ik} 强烈重要，Saaty 标度取 9；

如果差值在两个尺度之间，则 Saaty 标度取 2，4，6，8。

本书采用了层次分析法来确定各指标的权重。同时，结合采用问卷调查的方法，调查的主要对象为 30 名专家学者，一共发放 30 份问卷，收回 30 份问卷，30 份有效问卷。问卷使用 1—5 量表法进行填写，并对下表列出的指标——进行了比较。当横行指标与纵列指标进行比较时，重要性程度越高，分数就越高。30

位专家学者根据个人的经验,给出了指标比较的重要性程度,如表 5-2 至表 5-19 所示。

表 5-1 教育扶贫绩效评估指标体系

目标层	准则层	要素层	方案层
教育扶贫绩效评估体系（S）	教育经费（A1）	财政拨款投入（B1）	教育财政支出占公共财政支出比例（C1）
			教师培训投入占教育公用经费比例（C2）
			学生财政拨款占教育公用经费比例（C3）
		办学条件投入（B2）	校园基础设施建设支出占教育经费总支出比例（C4）
			教学设备购置支出占教育总支出比例（C5）
	教育质量（A2）	学校办学条件（B3）	义务教育阶段学校的数量（C7）
			学生人均用地面积（C8）
			图书数量（C11）
		教育完成情况（B4）	九年义务教育完成率（C13）
			高中阶段毛入学率（C14）
			"9+3"免费职业教育完成率（C15）
		教育改善情况（B5）	教育政策的普及率（C16）
			劳动力人口平均受教育年限（C17）
	师资队伍与资源（A3）	师资队伍（B6）	师德师风建设成效（C18）
			师资队伍建设质量（C19）
			教师参加各级培训（国培、省培等）占比（C21）
			教师培训信息化技术时长平均值（C22）
		教师条件（B7）	本科学历及以上教师比例（C24）
			中级职称及以上教师比例（C25）
		教师待遇（B8）	享受农村教师生活补贴占比（C26）
			拥有绩效工资教师占比（C27）
			有住房教师占比（C28）
	资助成效（A4）	经济效益（B9）	地区生产总值（C29）
			城镇居民人均纯收入（C30）
			农村居民人均纯收入（C31）
		教育环境改善（B10）	失业率（C32）
			教育不足发生率（C33）
	满意度（A5）	教育满意度（B11）	家长对教育质量的满意度（C34）
			家长对学校办学条件的满意度（C35）
		政策满意度（B12）	家长对教育政策的满意度（C36）
			家长对教育政策落实情况的满意度（C37）

表 5-2 目标层判断矩阵

S	A1	A2	A3	A4	A5
A1	1	1/2	2	2	2
A2	2	1	2	2	2
A3	1/2	1/2	1	2	2
A4	1/2	1/2	1/2	1	2
A5	1/2	1/2	1/2	1/2	1

表 5-3 准则层教育经费判断矩阵

A1	B1	B2
B1	1	2
B2	1/2	1

表 5-4 准则层教育质量判断矩阵

A2	B3	B4	B5
B3	1	2	1/3
B4	1/2	1	1/4
B5	3	4	1

表 5-5 准则层师资队伍与资源判断矩阵

A3	B6	B7	B8
B6	1	2	4
B7	1/2	1	4
B8	1/4	1/4	1

表 5-6 准则层资助成效判断矩阵

A4	B9	B10
B9	1	1/3
B10	3	1

表 5-7 准则层满意度判断矩阵

A5	B11	B12
B11	1	1/3
B12	3	1

表 5-8　准则层财政拨款投入判断矩阵

B1	C1	C2	C3
C1	1	1/2	2
C2	2	1	3
C3	1/2	1/3	1

表 5-9　要素层办学条件投入判断矩阵

B2	C4	C5
C4	1	1/2
C5	2	1

表 5-10　要素层学校办学条件判断矩阵

B3	C7	C8	C11
C7	1	1/2	1/2
C8	2	1	1
C11	2	1	1

表 5-11　要素层教育完成情况判断矩阵

B4	C13	C14	C15
C13	1	3	1/2
C14	1/3	1	1/3
C15	2	3	1

表 5-12　要素层教育改善情况判断矩阵

B5	C16	C17
C16	1	1/2
C17	2	1

表 5-13　要素层师资队伍判断矩阵

B6	C18	C19	C21	C22
C18	1	2	1/2	2
C19	1/2	1	1/2	1/2
C21	2	2	1	2
C22	1/2	2	1/2	1

表 5-14　要素层教师条件判断矩阵

B7	C24	C25
C24	1	3
C25	1/3	1

表 5-15　要素层教师待遇判断矩阵

B8	C26	C27	C28
C26	1	2	3
C27	1/2	1	2
C28	1/3	1/2	1

表 5-16　要素层经济效益判断矩阵

B9	C29	C30	C31
C29	1	2	2
C30	1/2	1	2
C31	1/2	1/2	1

表 5-17　要素层教育环境改善判断矩阵

B10	C32	C33
C32	1	1/2
C33	2	1

表 5-18　要素层教育满意度判断矩阵

B11	C34	C35
C34	1	2
C35	1/2	1

表 5-19　要素层政策满意度判断矩阵

B12	C36	C37
C36	1	1/3
C37	3	1

三、计算各级指标权重

本研究以确定三个一级指标的方法作为案例,用准则层的方法对其过程进行计算,计算出权重的比例大小。

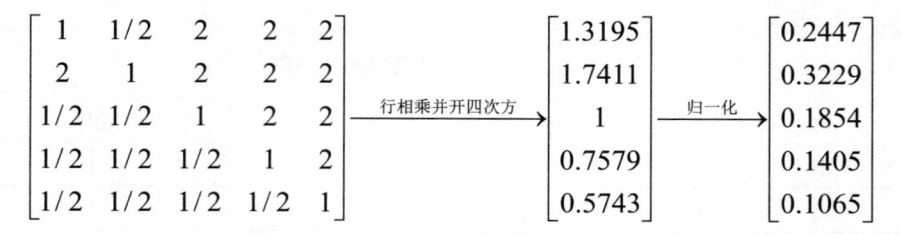

$$\begin{bmatrix} 1 & 1/2 & 2 & 2 & 2 \\ 2 & 1 & 2 & 2 & 2 \\ 1/2 & 1/2 & 1 & 2 & 2 \\ 1/2 & 1/2 & 1/2 & 1 & 2 \\ 1/2 & 1/2 & 1/2 & 1/2 & 1 \end{bmatrix} \xrightarrow{\text{行相乘并开四次方}} \begin{bmatrix} 1.3195 \\ 1.7411 \\ 1 \\ 0.7579 \\ 0.5743 \end{bmatrix} \xrightarrow{\text{归一化}} \begin{bmatrix} 0.2447 \\ 0.3229 \\ 0.1854 \\ 0.1405 \\ 0.1065 \end{bmatrix}$$

利用 Matlab 软件计算可以得到,$\lambda_{max} = 5.1943$,$CI = 0.0487$,$CR = 0.0487/1.12 = 0.0435 < 0.1$,由此可以看出层次单排序结果有满意的一致性。

同理可以得到其他指标权重,各指标权重计算结果如表 5-20 所示。

表 5-20 教育扶贫绩效评估指标权重

准则层	权重	要素层	权重	方案层	权重
教育经费（A1）	0.2447	财政拨款投入（B1）	0.6667	教育财政支出占公共财政支出比例（C1）	0.2970
				教师培训投入占教育公用经费比例（C2）	0.5396
				学生财政拨款占教育公用经费比例（C3）	0.1634
		办学条件投入（B2）	0.3333	校园基础设施建设支出占教育经费总支出比例（C4）	0.3333
				教学设备购置支出占教育总支出比例（C5）	0.6667
教育质量（A2）	0.3229	学校办学条件（B3）	0.2385	义务教育阶段学校的数量（C7）	0.2000
				学生人均用地面积（C8）	0.4000
				图书数量（C11）	0.4000
		教育完成情况（B4）	0.1365	九年义务教育完成率（C13）	0.3325
				高中阶段毛入学率（C14）	0.1396
				"9+3"免费职业教育完成率（C15）	0.5278
		教育改善情况（B5）	0.6250	教育政策的普及率（C16）	0.3333
				劳动力人口平均受教育年限（C17）	0.6667

续 表

准则层	权重	要素层	权重	方案层	权重
师资队伍与资源（A3）	0.1854	师资队伍（B6）	0.5469	师德师风建设成效（C18）	0.2761
				师资队伍建设质量（C19）	0.1381
				教师参加各级培训（国培、省培等）占比（C21）	0.3905
				教师培训信息化技术时长平均值（C22）	0.1953
		教师条件（B7）	0.3445	本科学历及以上教师比例（C24）	0.7500
				中级职称及以上教师比例（C25）	0.2500
		教师待遇（B8）	0.1085	享受农村教师生活补贴占比（C26）	0.5396
				拥有绩效工资教师占比（C27）	0.2970
				有住房教师占比（C28）	0.1634
资助成效（A4）	0.1405	经济效益（B9）	0.2500	地区生产总值（C29）	0.4934
				城镇居民人均纯收入（C30）	0.3108
				农村居民人均纯收入（C31）	0.1958
		教育环境改善（B10）	0.7500	失业率（C32）	0.3333
				教育不足发生率（C33）	0.6667
满意度（A5）	0.1065	教育满意度（B11）	0.2500	家长对教育质量的满意（C34）	0.6667
				家长对学校办学条件的满意度（C35）	0.3333
		政策满意度（B12）	0.7500	家长对教育政策的满意度（C36）	0.2500
				家长对教育政策落实情况的满意度（C37）	0.7500

通过分析表 5-20 可知，准则层的权重按照权重大小排序依次为教育质量＞教育经费＞师资队伍与资源＞资助成效＞满意度。在要素层的财政拨款投入中，教师培训投入占教育公用经费比例权重最大；在要素层办学条件投入中权重最大的是教学设备购置支出占教育总支出比例；在要素层学校办学条件中权重最大的是学生人均用地面积、图书数量；在要素层教育完成情况中"9+3"免费职业教育完成率权重最大；在要素层教育改善情况中劳动力人口平均受教育年限权重最大；在要素层师资队伍中教师参加各级培训占比权重最大；在要素层教师条件中比最大的是本科学历及以上教师比例；在要素层教师待遇中占比最大的是享受农村教师生活补贴占比；在要素层经济效益中占比最大的是地区生产总值；在要素层教育环境改善中占比最大的是教育不足发生率；在要素层教育满意度中权重最

大的是家长对教育质量的满意度；在要素层政策满意度中权重最大的是家长对教育政策落实情况的满意度。

第二节 基于数据包络分析法的案例

一、数据来源

本书选取样本数据源于《中国统计年鉴》（2015—2019）和《中国教育统计年鉴》（2015—2019）。

二、指标选取

本研究选取的投入产出与指标见表 5-21。选取教育财政支出占公共财政支出比例、义务教育阶段学校的数量、本科学历及以上教师比例、中级职称及以上教师比例、图书资料配备数量作为投入指标，地区生产总值、城镇居民人均纯收入、农村居民人均纯收入作为产出指标。

表 5-21 陕西省教育投入与产出指标

指标种类	变量名称	符号
投入指标	教育财政支出占公共财政支出比例	X1
	义务教育阶段学校的数量	X2
	本科学历及以上教师比例	X3
	中级职称及以上教师比例	X4
	图书资料配备数量	X5
产出指标	地区生产总值	Y1
	城镇居民人均纯收入	Y2
	农村居民人均纯收入	Y3

三、DEA 分析结果（见表 5-22、表 5-23）

对收集到的数据进行 DEA 分析，计算得到 2015—2019 年陕西省教育年的技术效益、规模效益、综合效益、规模报酬等，见表 5-24。

表 5-22　陕西省教育投入指标原始数据

年份	X1	X2	X3	X4	X5
2015	17.32%	7578	59.04%	32.45%	80162206
2016	17.71%	7198	69%	42.84%	122564358
2017	17.14%	6373	74.67%	43.53%	92892739
2018	16.43%	6315	77.57%	34.85%	13419.70
2019	16.63%	6252	40.06%	25%	13942.50

表 5-23　陕西省教育产出指标原始数据

单元：元

年份	Y1	Y2	Y3
2015	17898.80	26420	8689
2016	19045.75	28440	9396
2017	21473.45	30810	10265
2018	23941.88	33319	11213
2019	25793.17	36098	12326

表 5-24　2015—2019 年陕西教育 DEA 分析结果

年份	技术效益	规模效益	综合效益	规模报酬	有效性
2015	0.955	0.736	0.702	0.732	非 DEA 有效
2016	0.931	0.794	0.739	0.788	非 DEA 有效
2017	0.981	0.854	0.837	0.854	非 DEA 有效
2018	1.000	0.964	0.964	0.928	非 DEA 有效
2019	1.000	1.000	1.000	1.000	DEA 强有效

5 个被评价年份的技术效益均值为 0.973，技术效益无效的是 2015—2017 年，表明这三年陕西在教育上的资源投入产出是无效的；2018 年和 2019 年的技术效益值为 1.000，说明这两年陕西在教育上的资源投入产出是强有效的。

2015—2019 年的规模效益均值为 0.870，仅有 2019 年的效益值是相对有效的，占被评价年份的 20%。其余 4 个规模效益无效的年份，规模报酬呈现增长的趋势，表明这 4 个年份规模无效，教育资源投入的速度低于产出速度，规模效益不显著。

2015—2019 年的综合效益均值为 0.848，其中综合效益值为 1.000 的只有 2019 年，占被评价年份的 20%。说明 2019 年的教育资源投入运用比较充分，并有效转化为产出，做到了相对最优化。被评价年份中的其他年份均未在产出上达到最优，2015—2018 年陕西教育资源在投入上未充分转出，可见资源配置效率还有待进一步提升。

第六章 我国农村教育支持工作存在的问题及政策建议

通过对农村脱贫人口进行教育帮扶的成效和不足进行分析,发现教育支持工作中存在的不足之处有支持方式缺乏多样化、评价机制不够完善、主体参与者不足及教育资源配置效率低等。我们应充分发挥教育在农村脱贫攻坚成果中的基础性、导向性作用,通过构建教育定向支持大数据服务平台,确保改善教育环境的有效途径。此外,要完善教育支持动态监督评估体系,实现教育帮扶的时效性,同时构建多主体参与合作的教育精准支持格局,提升农村脱贫人口的文化素养,巩固和拓展脱贫攻坚的成果。

第一节 我国农村教育支持工作取得的成效和存在的问题

除了支持教育帮扶的建设性措施外,农村教育支持工作的成效也备受关注。笔者采用问卷调查、实证等教育研究方法,评估我国教育支持工作的绩效水平。不难看出,当前我国农村教育支持工作从制度建设、教育基础设施和资源建设、农村偏远地区人才培养等方面都取得了一定的成效,但也存在一定的不足。

一、我国农村教育支持工作取得的成效

中华人民共和国成立以来,教育帮扶一直是我国全面教育事业开发战略的核心内容。经过数十年的建设,我国教育支持工作在灵活配置政策工具的基础上,形成了具有中国特色的政策体系。在这一体制下,我国的农村教育支持工作取得了一定的成效。

(一)极大地改善了农村偏远地区的教学环境和设施

2013年以来,中国开始全面改善农村地区义务教育的基本办学条件,实施

了农村中学改造、农村寄宿制学校建设、教学点实现数字化教育资源全覆盖。教育界学者在其研究中指出，截至 2019 年 4 月，我国已在全国修建、翻新和扩建了 2.21 亿平方米的校舍，并购买了价值 999 亿元人民币的设施和设备。截至 2019 年 8 月，全国各地区中小学互联网接入率达到 97.9%，配备多媒体教学设备普通教室达到 348 万间。全国约 93.6% 的学校拥有多媒体教室，74.2% 的学校实现了多媒体教学设备的全覆盖。由此，全国农村地区义务教育办学条件得到了明显的改善。

以西部地区为例，四川省凉山彝族自治州教育和体育局对 2013 年至 2018 年的教育投入进行统计发现，四川省凉山彝族自治州共安排国家财政教育经费 604.62 亿元，共投入 86.3 亿元用于改善办学条件。先后实施了"综合治理薄弱环节""学前教育三年行动计划""大凉山、小凉山彝族地区支持教育改善项目""十年行动计划"等重大项目；地方财政投入 20 亿元，实施"一村一园"和"一镇一园"项目，共建设乡镇幼儿园 348 所。全州全面淘汰中小学 D 类危房，城乡和校际办学差距进一步缩小。

（二）提高了农村偏远地区人口的整体文化水平

2019 年，个别学者对中西部 6 省 18 个重点扶持县（区）的 180 多所农村中小学进行了实地调查。其调查结果是教师队伍专业化水平已得到提高，农村地区办学软实力也得以逐步提升。当年，中国数字教育公共服务平台接入 73 个地方各级平台，师生在线学习空间增加到 7900 万个；通过"一师一优、一班一优"活动，发布 100 万节课时，确定 800 门国家级精品在线开放课程，教育资源和服务提供能力不断增强（中华人民共和国教育部，2019）；通过实施"农村中小学数字教育资源全覆盖"项目，累计开发音乐、美术课程资源 1212 小时，有效地解决了农村偏远地区教师紧缺的问题。

同时，相关研究发现，在师资队伍建设方面，每年通过学费减免、贷款和学费补偿等方式吸引了 28 个省份的 4.1 万名大学毕业生到农村地区开展教育，这无疑大大增加了农村教师的数量，并且"国培计划"累计培训乡村教师和学校干部 4.1 万人，有效提高了乡村教师的素质。

通过对经济困难的学生建立从学前教育到高等教育"全覆盖"资助体系，农村偏远地区因经济问题无法上学的人数不断减少。根据教育部的统计，2019 年，全国共有 105 907 900 名学前教育、义务教育、中等职业学校、高中和大专院校的学生获得资助。截至 2019 年底，全国各级学历教育在校生 2.82 亿人，比上年增加了 660.62 万人，增长比率为 2.40%；学前教育毛入学率为 83.4%，九年义务教育巩固率为 94.8%，高中毛入学率为 89.5%。在高等教育阶段，截至 2019 年，共有 37 万名农村偏远地区的学生通过定向招生计划获得了优质的高等教育资源。

（三）持续增加农村偏远地区人民的收入

基于中国各省数据的实证研究表明，教育投资对农民收入具有稳定和积极的影响，农村偏远地区的增收效果高于其他地区。以"三区三州"为例，2002 年至 2016 年，教育经费每增加 1%，农村人均纯收入就增加 1.83%，而同期高收入地区教育经费增加 1%，收入仅增加 0.24%。有学者从各地区的有效性角度研究了江苏省 13 个地级市 2000—2016 年的统计数据，发现江苏省教育支持工作在巩固脱贫攻坚方面取得了显著的成效。根据江西省安义县 350 户农村家庭的入户调查数据，通过二元 Logistic 回归模型分析发现，教育水平对农村人口的整体文化素养影响较大。

二、我国农村教育支持工作存在的问题

（一）教育定点支持方式缺乏多样化

原有的教育支持方式主要是对农村教师的教育培训和对教学设备、资源的投入。这些方式虽然取得了一些成效，但也具有广泛而分散的特点。第一，农村教师培训的内容没有充分考虑教师所在地区学生的特点、学习情况和当地教育的发展情况。培训的形式几乎是同一类型的讲座，因此培训的内容不一定有效。第二，对教育的投入一般局限于对其教学设备和资源的投入，而没有真正考虑学校的教学师资、教学设备和学生的特点，所以难免顾此失彼，缺乏系统的思考。

此外，随着我国农村偏远地区人民受教育程度逐渐提高，原有的教育资助模式的边际效应正在递减，原有的教育资助模式无法适应新形势下教育发展的变化。由于脱贫攻坚目标是呈阶段性变化的，如果一直沿用粗放的教育资助方式，帮扶对象可能不够精准化，教育支持工作的效果可能也不明显，这无疑会给农村教育支持的后续工作带来一定的阻碍。

（二）缺乏科学完善的监督评价机制

首先，信息公开机制不健全，导致部分建档立卡的农村脱贫学生了解教育资助的相关政策不及时，错过了相应的资助机会。其次，对指标的关注多于对实际效果的关注。由于农村政务繁多，评价往往会停留在表面而过于草率对评价结果

做出结论,因此多数评价结果需要考虑数据的真实性和可持续性。再次,奖惩措施不够明确,导致部分干部在教育支持工作中缺乏主动性和积极性。最后,需要强调的是,评价方法过于单一。大多数评价采取定期检查、上下级交叉检查的形式,这两种检查形式容易产生应付检查、隐瞒等不良现象。

(三)缺乏多个主体参与者

农村偏远地区的教育落后是由各种复杂因素相互作用而造成的。因此,在实施教育帮扶项目时,不应采取"一刀切"的方式,而应系统地考虑不同地区的不同落后成因。由于农村人口的需求和面临的问题是动态变化的,单纯依靠政府帮助农村家庭困难学生的效果并不理想。为了满足不同部门和不同参与者的现实需求,实施多主体化评价是一种可行的路径选择。当然,这种方式也应该用于实施针对教育的脱贫战略。这不仅需要发挥政府的作用,还需要发挥和协调社会、学校和农民群众自身等多元参与者的力量,实现教育效益最大化。

近年来,在教育支持领域,社会组织参与教育支持的趋势不断显现。但这种多方参与的教育支持方式尚未形成,这可以归因于两个方面。一方面,政府的行政权力依赖于行政命令,这使得教育支持工作存在偏离定位和错位的可能。同时,多方参与教育支持的自主空间也被剥夺。另一方面,制度建设不够健全。目前,多方参与教育支持的相关制度还需要进一步完善,使其多方参与支持教育的功能得以全面发挥。通过对相关数据的分析,发现教育投入资源的配置是政府部门与农村困难户之间博弈的结果,这将在一定程度上导致农村偏远地区的边际效益下降和教育产出效率降低。

(四)支教帮扶力度有待提高

支教帮扶工作在取得成就的同时,存在的问题也开始暴露出来。国内学者在调研中指出,支教帮扶精准识别机制相对滞后,对农村脱贫学生的整体发展和内生激励重视程度有待提高,同时帮扶农村脱贫学生的措施不够细化。还有学者从政策角度指出,教育支持政策的关注度分布明显不平衡,目标群体识别存在集中静态的隐患,政策工具配置偏低,协调性较差,连接断裂,而且教育支持方式的结构也不够合理。业内专家甚至还发现,农村偏远地区的支教帮扶工作存在三个主要的困境:第一,支教帮扶机制不健全,社会"造血"功能薄弱;第二,教育资源配置不均衡,教育质量得不到保障;第三,内生动力不足,教育帮扶理念依然薄弱。

第二节 我国农村教育支持工作的相关热点与路径选择创新

一、我国农村教育支持工作的相关热点

（一）我国教育帮扶参与主体责任研究

教育定向帮扶是一项系统的工程，政府出台的相关政策涉及利益广泛，并且涉及众多利益群体。面对复杂的形势，需要多元化的主体和群体共同参与。因此，对我国教育支持实施课题的研究已成为众多学者关注的热点之一。

很多学者从制度贫困理论的角度出发，认为贫困是宏观层面的自然条件、历史起点、经济发展政策、环境文化素质以及微观层面的家庭和学校教育等诸多综合因素系统运行的结果。因此，面对多维度、多元化、动态化的教育格局，不仅需要政府在宏观层面引导教育支持治理的方向，还需要依靠多元主体的参与来协调、管理和治理。部分学者也认为，自上而下的教育支持治理模式容易出现僵化现象，很多工作未必能真正了解被帮扶者的需求，需要多元化力量进行精准帮扶。因此，我国教育帮扶的主体应该是政府主导、社会组织和个人等多方力量共同参与的框架。

（二）政府帮扶责任研究

政府作为教育帮扶的领导者，有责任确保其政策的科学制定和有效实施。从国内学者的研究现状来看，自1994年以来，我国提出了第一个明确的国家扶贫计划，即《国家八七扶贫攻坚计划》。通过不断丰富和完善其指导思想、工作内容、实施手段等，从而形成了一套具有中国特色的教育支持政策体系。

在实施过程中，通过财政支持和倾斜，加大了教育财政支出力度，建立了从学前教育到研究生教育的学生资助体系，有效地保障了家庭经济困难学生的顺利入学。教育部、国家乡村振兴局印发的《深度贫困地区教育脱贫攻坚实施方案（2018—2020年）》规定，学前教育要按照"地方优先，政府补助"的原则，制定并实施相应的资助政策；义务教育实行"两免一补"政策，中等职业教育实行免学费、国家奖学金政策，高中对经济困难学生实行免学杂费和国家奖学金政策；针对高等教育和研究生教育实行"奖学金、助学金、助学贷款、勤工助学、补贴、豁免"和"绿色入学通道"等政策。这种"多元混合"的资助方式必须确保"三区三州"

农村困难家庭的学生申请注册入学资助政策。

此外,以财政支持为基础的教育基础设施建设也是政府通过教育支持改善农村教育落后的措施之一。特别是改善偏远地区办学和教学场地的基本条件,改善农村义务教育学校的教室、学生宿舍和实验室、操场、食堂等辅助设施。宽带网络应尽可能覆盖所有中小学和教学点,使"班班通"建设覆盖所有班级,让农村偏远地区的学生获得优质教育资源。

针对农村偏远地区教师短缺的问题,政府推出了旨在补充农村偏远地区教师数量的"特殊岗位计划"和"免费师范生"培训的措施。通过提高教师工资,鼓励东部地区优秀教师支援中西部地区的教学,组织中西部地区学校开展多种形式的教研活动,增强教师的专业能力,提高农村偏远地区的教学质量。

(三)高校支教义务研究

大学是知识聚集和人才培养的中心,必须承担起开发新技术、培养和输送优秀人才、为农村偏远地区提供培训机会和平台的责任。只有这样,才能在支持教育均衡发展的过程中有效发挥服务社会的作用。不少学者认为,高校在参与支教任务时,应采取精准目标、发展滴灌方式、完善评价机制等战略,以便更好地帮助农村偏远地区摆脱教育水平落后的困境。以福建省高校为例,其提出了脱贫攻坚背景下高校教育帮扶的四维优化路径:高校培训和评估体系的优化;增强帮扶动力;优化高校与其他社会力量的联动,形成联合帮扶力量;通过支持高校教育平台优化支教,实现校村知识信息对接;优化政府支持教育脱贫的政府保障体系,确保资助政策的稳定实施。

(四)社会力量在教育支持工作中的责任研究

社会力量作为社会不可分割的一部分,可以在一定程度上弥补政府帮扶工作的不足,为教育定向支持工作注入活力。

校企合作也是社会支持教育事业发展的重要途径之一。从企业参与支持的机制设计和模式创新的角度来看,企业可被视为教育支持的重要工具。一般来说,优秀的企业管理者或技术人员到校任教,可以促进学校与企业之间的相互就业。企业工程师走进学校给学生授课,学校教师培训企业员工,可以提高员工素质。通过校企互聘,学生在教学中接受技能培训的过程,不仅是专业技能提升的过程,更是为企业生产产品和创造价值的过程,这无疑解决了培训教材短缺的问题。

曾经,有学者以"希望工程"为例,做了相关数据统计与分析。据统计,该项目共募集捐款53亿多元，建设希望小学15 444所、希望图书馆14 000余个，培训农村小学教师52 000余人，超过300多万的农村困难学生得到了资助。因此，以"希望工程"为代表的社会基金组织在中国支持教育脱贫方面发挥了重要作用。同时，一些学者指出，由于参与资金来源单一、资金管理不善、缺乏职业经理人等问题，社会组织仍然需要通过支持教育模式来进一步改善其脱贫工作。从以上研究可以看出，中国教育支持的主体是多元化的，形成了以政府为主导、社会组织和个人等多种力量共同参与的框架。在这个框架下，各学科紧密结合，积极发挥各学科的作用，以不同层次的支持教育巩固脱贫攻坚的成果。

（五）加强教育信息化技术与教育支持工作的融合

在教育支持工作过程中，如何利用信息技术解决人才培养和师资短缺问题一直是人们关注的重点，也是我国信息化教育支持研究的主要领域之一。很多学者认为，互联网与教育支持工作深度融合，有利于精准识别农村偏远地区的学生，实施精准培养，并立足于未来的发展和新专业的创设。互联网的应用可以激发教育定向支持工作的内在动力，突破时空的限制，实现教育主体与客体的实时互动，为更多的学者、优秀教师以及不同专业知识背景的财富创造者创造财富。领导人和志愿者通过支持教育参与教育事业发展的过程，这将有助于拓宽教育事业可持续发展的内容维度。因此，在我国教育定向支持工作过程中，信息化发挥了极其重要的支撑作用。

1.利用信息技术实施人才培养策略

（1）通过远程教育实现城乡、地区间课堂资源共享

课程无法全面开放，教师专业化水平低，学生的道德、学业、安全和心理问题一直是农村偏远地区教学点发展的桎梏，也是制约我国义务教育均衡发展的因素。为了实现国家课程全面开放的目标，向薄弱学校输送优质课程资源，一些专家提出采用慕课（MOOC）和微型课堂的形式突破传统课堂的教学模式。该模式利用云教育、远程教育等在线教育平台，立足于师生与家长之间真实的用户关系，将优秀教师的授课资源拍摄成视频，并将此类教学视频纳入优质的教学资源库。这无疑满足了农村偏远地区学生的学习需求。

以南昌市支持教育工作的经验为例。该市启动了农村在线同步课堂项目，充分利用信息技术，实现远程听说双向互动。这不仅解决了农村偏远地区教师"无法派遣、保留和教学质量差"的困境，还对农村偏远地区的整体教学质量进行了提升。同时，义务教育均衡发展的制约因素也得到补充。

（2）有效地将信息技术应用于教学管理和科学研究

利用在线培训平台提高教师专业素质也是教育支持人才培养过程中的又一应用。例如，有学者指出，要充分利用现代远程教育资源提高教师素质，形成"人网、地网、天网"相结合的教师继续教育体系。以"教师培训平台"和"教师工作坊"为主要培训基地，实施线上和线下相结合的教师培训模式，不仅可以降低培训成本，减少工作与学习的矛盾，还可以缓解师资培训压力。

2. 借助信息技术提高教育支持工作效率

登记农村人口信息的数字化处理和国家精准脱贫大数据系统的形成，是实现精准脱贫的重要基础。因此，部分专家认为，在支持农村教育的过程中，应通过"互联网+"、人工智能、云计算、大数据等教育信息管理方法和信息平台对各项措施进行细化和管理。通过以上方式，基本可以实现对教育支持工作的精确识别、决策、管理和评估，并有针对性地分配所有资源，从而通过教育支持最大限度地发挥教育资助的成效。

以江西省上饶市为例。该市根据自身特点，制订了"互联网+教育精准帮扶"的新方案。基于教育城域网的地市级教育基础数据库及管理平台，对2016年上饶市各区县小学毕业生中未入学的留守儿童流动情况进行了详细调查，这一调查不仅准确地跟踪了每个学生的发展状况，还深入分析了农村学校学生流失的原因。通过教育支持项目发挥各部门的合作力量，为科学决策提供了准确的数据支持，并且在继续教育和精准帮扶的道路上指明了方向，同时为重点示范项目的展开做好铺垫。学校还可以利用信息技术的处理方法，综合分析农村家庭户的信息和教育资源的特点，利用教育资源平台精准对接农村偏远地区家庭户的资源供给情况，实现资源精准配置。

从以上研究可以看出，教育支持工作要以应用驱动促进教育信息化的深度融合，利用信息技术实施人才培养策略，提高教育支持工作效率。从这个角度出发，利用信息技术推动教育发展进程，提升教育资助成效，让教育支持工作步入快车道，成为提升农村教育支持工作绩效的有力杠杆和必然选择。

二、我国农村教育支持工作的路径选择创新

（一）构建区域教育大数据服务平台

农村偏远地区应充分利用教育信息化平台促进教育精准帮扶工作的顺利开

展。同时，还可以利用计算机网络为农村学生搭建大数据服务平台，同时运用计算机技术从生活水平、经济收入、信用度等方面掌握学生的实际情况，从而可对农村学生的现状进行综合分析。大数据平台能够为农村学生的管理提供诸多便利，并且也能及时高效地管理农村学生群体。通过了解学生的生活条件状况，以确保教育支持工作的精准性。大数据平台的使用满足了农村学生管理的实际需求，建立了可跟踪、调查、分析的教育支持智能管理系统。省教育管理部门可以对最基层的帮扶对象进行全程跟踪管理。由此可见，教育支持大数据平台应包括以下四个方面的内容：学生档案数字化管理系统、教育支持组织结构管理体系、教育支持工作流程管理体系和教育支持大数据统计分析系统。

（二）完善农村教育支持工作动态监督评估体系

科学合理的监督评估体系是确保教育支持工作有效性的重要保证。加强教育支持监督机制建设，确保教育支持工作的效果，需要建立多方参与的监督机制。从帮扶对象的公开公平定向认定、定向帮扶和定向管理等方面出发，强调群众审查监督和第三方监督的重要性，其监督的主要目的是随时掌握教育定向支持的进展和任务完成的情况。在完善农村教育支持工作动态监督评价体系的过程中，需要从以下几个方面来开展工作。

一是完善信息披露机制。通过政府门户网站和政府公告栏及时更新教育支持的相关政策、资金分配、项目进展和评价结果，积极接受公众全程监督，实现阳光透明帮扶。二是明确指标评价体系与教育支持实际效果的关系。在确保各项指标达成的基础上，确定教育支持工作的主要目标，并设置相应的评价指标体系，同时将工作任务转向对毕业生就业收入和稳定性的动态跟踪监测。三是提高教育支持工作在绩效考核中的比重，落实责任追究政策，突出考核结果的奖惩，用绩效考核来监督教育支持政策的落实情况。未开展教育支持的农村偏远地区，要按照法定程序追究责任，特别是要严肃处理挪用财政专项资金等违法违纪行为。四是要充分发挥第三方评估机构的作用。采取科学严谨的检查方式，杜绝政府自说自话的现象，确保教育支持工作的准确性和有效性。

（三）构建多主体合作参与的教育支持模式

首先，要充分发挥政府在整个教育支持工作中的统筹作用。教育支持工作不仅涉及多个帮扶对象、教育水平存在差距的成因和治理工作的各个环节，还关系到这些因素之间的相互联系和制约。因此，在教育支持工作的实施中，要系统地考虑各方面的利益，权衡不同支持方式的利弊，最大限度地保证教育脱贫的实现。此外，作为教育工作的"领头人"，政府应根据各种可能出现的新情况、新问题进行顶层设计，在有针对性地识别、资助和管理方面进行统筹安排和合理规划。

其次，企业要充分发挥技术支持在教育帮扶中的作用。教育支持可以通过企业参与和政府引导的方式进行。企业掌握先进的技术，资金雄厚，可积极参与教育帮扶工作。一方面，这可以降低政府财政支出的成本。另一方面，可以利用企业的先进技术开发一套集教学、管理、评价于一体的软件。通过大数据对教育支持工作相关数据的精准分析，可彻底总结出各教学环节应注意的问题和学生的真实学习需求，让农村偏远地区的每一位学生都能享受到优质的教育资源，从而构建"互联网+教育"体系教育支持模式。

最后，高校在教育支持工作中应充分发挥服务社会的作用。高校有三大基本职能，其中服务社会的职能越来越受到重视。基于此，教育支持应与高校相结合，充分利用高校的教学资源，以讲座的形式开展不同批次、不同形式的培训，避免盲目跟进和"假、大、空"的形式。这样，经过培训的教师可以利用所学的专业知识向农村偏远地区的学生传授新的教学内容和方法，让偏远地区的学生获得与城市学生同等的优质教育资源。此外，高校要积极协调社会资源和校友创业资源，形成合力帮扶，推出支持项目，精准帮扶农村偏远地区实现教育均衡。此外，高校应重视人才培养，为农村偏远地区投入技术力量，培养技术骨干，支持基础教育，从而巩固和拓展脱贫攻坚的教育成果。

三、提升我国农村教育支持工作绩效的相关建议

（一）平衡教育管理机构与各方利益相关者之间的关系

农村人口的教育投资有助于减轻收入的不平等性。然而，由于农村偏远地区人口在多数情况下不愿意在教育上投资过多，因此各地区政府应该帮助他们实现这一目标（教育投资），为农村偏远地区的学校特别是弱势群体提供充足的物质和人力资源，以提高当地的教育质量为目标，这是解决当地收入不平等问题的一个有效办法。

每个地区应设立特殊教育中心，以家庭经济条件较差的优秀学生为帮扶对象，并采取积极措施避免贫富差距渗入校园。同时，优先考虑入学率极低的东北地区。东北地区的每一所小学应为男孩和女孩配备单独的卫生设施，并提供充足的符合卫生标准的饮用水，设置清洁的卫生设施。尤其在东北地区，农村偏远地

区的学校应该为女孩提供专门的卫生设施，以提高学校的整体入学率。从一定程度上来看，以解决大量学龄儿童不上学、上不起学和辍学的问题为前提，阻止这一趋势继续蔓延并使该地区农村学生远离冲突是农村教育支持工作需要重视的问题之一。可见，政府应着手解决不同社会群体之间、城乡居民之间以及各地区之间的教育机会不平等问题，并且还需要有组织地将科学技术储备资源在地域之间进行公平地分配，使边远地区的山村学校能获得更多的教育支持。

高等教育应随着社会的发展不断地进行改革，通过就业联动培训，满足社会经济不断发展和劳动力市场不断变化的人才需求。中等水平大学的升级应谨慎进行，以使这些大学能够继续提供劳动力市场所需的实用性技能或可以促进学生自我就业的技能。此外，所有被公立大学录取的学生都应该获得国家批准的全额贷款，而因高等教育费用未能入学的农村学生应经由政府审查并给予全额资助。

教育管理者和所有利益相关者应参与规划过程，以便制订可行且有效的计划。教育改革方案应以系统的政策研究和分析为依据，而不是以政治法令为前提。公共教育机构的管理和评估工具应根据各国社会文化、技术和社会经济正在发生变化的具体情况进行改革。教育机构管理者应具备有效管理其机构的相关管理技能和专业知识。

（二）加大职业教育投入，建立健全资金保障机制

职业教育在我国及其对口教育中占有重要的地位。习近平总书记在《在东西部扶贫协作座谈会上的讲话》提到："一人就业，全家脱贫，增加就业是最有效最直接的脱贫方式。长期坚持还可以有效解决贫困代际传递问题。帮扶双方要建立和完善劳务输出对接机制，提高劳务输出脱贫的组织化程度。输出地要摸清底数，准确掌握贫困人口中有就业意愿和能力的未就业人员以及已在外地就业人员的基本情况，因人因需提供就业服务，有组织输出劳务。输入地要把解决这些贫困人口就业问题作为帮扶的重要内容，组织技能培训，动员企业参与，实现人岗对接，保障稳定就业。这是一个双赢的制度设计。"基于以上分析，不难发现，我国农村偏远地区教育对口支援政策非常重视对该地区职业技术教育的支持。如果一个农村家庭的孩子能接受职业教育，掌握一项技能，找到一份工作，那么这个家庭就有希望提高家庭收入。在向"输血式"帮扶转变的过程中，首先要提高农村劳动力的自我发展能力，职业教育的需求十分迫切。然而，在实际操作中，职业教育投资不足已成为一大问题。因此，当前国家农村教育对口部门应注意加强对职业教育的支持，加大资金投入，建立完善的资金保障机制，确保教育资金需求基本得到满足。

（三）促进教育资源双向流动，推动互联网教育全面开放

对于农村地区的教育配套设施，需要引进优秀的教师及教育教学设备等资源支持该地区的教学工作，并尽可能实现优秀教师的双向引进，使农村地区的优秀教师也有机会走访名校。

此外，随着网络技术的日益普及，有条件的地区可以借助网络渠道，利用网络教学平台共享教育资源，促进农村地区教育的全面开放。据西南大学教育学院陈恩伦等学者观察，信息化教育支持工作已成为当前教育界的共识。教育信息化见证下的农村地区精准帮扶新模式以"政府—大学—企业—师范学院—城乡学校"六方联动机制为主干，通过人工智能、大数据、云计算以及移动互联网教育信息化实施路径，推动精准诊断、分类引导、动态跟踪、评价反馈四个方面生成有效的精准帮扶环节。同时，采用教学云桌面的资源匹配方法，极力提高教育帮扶的效率和精准度，并在激发农村地区教师学习积极性的同时，努力提高农村地区教师的教学能力。

（四）改善农村地区教师的待遇，确保教育支持工作持续稳定发展

教师作为知识和技能的传授者，在教育过程中起着关键的作用。改善农村地区教师的待遇，消除教师的顾虑，能大大促进农村地区教育质量的提高。但在大力加强"三区三州"的教师建设期间，明确指出了"三区三州"教师建设所面临的问题之一，即由于恶劣的自然环境和经济发展相对落后，难以吸引和留住优秀教师。因此，迫切需要解决类似地区教师的各种生活问题，使类似地区的教师能够安心地生活和工作。此外，随着农村偏远地区教育水平的逐渐提高，当地学校、教学规模不断地扩大，教师的需求量出现持续增长的趋势，相关部门需要继续跟踪当地的实际情况，保持政策的灵活性，从而促进地方教育对口支援的长期稳定发展。

（五）大力推进教育对口援助与其他支持方式有机结合

教育是我国全面配套援助措施的一个重要方面，必须与其他援助措施相结合，充分发挥其最大优势。在我国一些农村偏远地区，教师资源缺乏的主要原因是当地经济条件差、生活条件差，对教师的吸引力不够。面对类似情况，必须把教育发展与产业发展结合起来。从区域位置来看，西藏自治区、青海、四川、甘肃和

云南等省份由于自然条件较差而造成经济落后，需要通过生态补偿措施促进西部地区产业结构的调整，同时还要给予教师对口支援和充足的卫生保健设施，避免教师因不适应当地气候条件而影响对口支援工作。此外，地方政府在提供职业教育援助的同时，还要使产业发展基本保持同步，使职业技术院校培养的人才适应地方发展的实际需要。总之，不能孤立地提供教育援助。只有把教育对口援助和其他支持方式结合起来，并且与本地区全面支持措施保持同步，采取有针对性的措施，才能更好地实现援助工作的最终目标。

目前，我国农村偏远地区实施教育对口支援政策的总体效果较好。在普通教育对口支援方面，贵州、海南、深圳等地表现突出；在职业教育对口支援方面，国家对"三区三州"等农村偏远地区给予强有力的政策和资金支持。但是，中国教育对口援助仍有提升的空间。尤其是在普通教育对口援助方面，师资力量、资金补助和教育基础设施援助等目标已基本实现，但还可以进一步细化，提高资助的精准度。农村偏远地区职业教育对口支援基本符合当地的实际情况，但资金方面仍需加大投入。此外，农村偏远地区教师的待遇也亟待提高，只有解决了农村教师的后顾之忧，才能充分激发教师的教育潜力。教育对口支援应与产业发展、生态发展等支持方式有机结合，并且政策的有效衔接能使教育对口支援符合社会实际需要，从而充分发挥社会帮扶作用。

（六）改善农村偏远地区义务教育对口援助的现状

改革开放以来，不可否认的是中国在改善农村偏远地区义务教育方面取得了一些成就，正在逐步探索如何实现农村偏远地区义务教育的有效援助。然而，政府在援助过程中遇到了很多问题，负面的社会影响是显而易见的。因此，有必要对教育支持工作现状存在的问题进行分析，以进一步改善农村偏远地区义务教育援助的现状。

1. 顺应农村偏远地区义务教育经费保障的国际趋势

从各省农村财政政策的差异来看，存在着明显的政策倾斜。例如针对不同地区农村财政补贴的力度明显不同，一些地区财政政策逐步向中心倾斜，造成地区之间具有较大的差异性。各地区的财政结构和实际需求都不相同，并且不同国家对义务教育的具体干预手段也存在一定的差异性，相关的调控政策一般都会在动态发展的过程中根据具体环境的变化不断进行改进和完善。一般来说，各个国家或同一国家的义务教育经费在不同时期的保障机制大致可分为三种模式：集中、相对集中和分散。然而，义务教育的普遍性和基础性决定了各个国家最终采用中央或省政府主导的相对集中的投资机制。

因此，我们可以借鉴一些发达国家的教育发展实践经验，如日本中央集权式教育管理体制的确立。虽然美国是联邦制国家，日本是实行地方自治制度的单一制国家，但两国在财政体制和义务教育上各有千秋。首先，美国和日本实行了国家一体化的政策和财政机制，公共义务教育经费全部由政府承担，全国所有地区统一分配。虽然不能完全解决地区差异，但在国家层面上实现了"非歧视"管理。此外，两国都将公共财政作为国家财政体系的运作模式，政府间的财政转移真正做到了支付规范、定位准确。同时，美国和日本都对各级政府在义务教育中的主体责任和财政责任按照财政能力进行了明确合理的划分，并且形成了规范的义务教育财政投入体系。不难看出，只有对教育落后地区的资金给予足够的支持，建立健全地方财政体系，才能为后续对口帮扶工作提供有力的保障。

2. 改变农村教育落后地区关于义务教育的思想观念

长期以来，公众倾向于谈论教育，农村偏远地区的义务教育也是如此。许多人从教育实践的认知角度来看待农村偏远地区义务教育的发展，外部评分结果通常会直接影响农村偏远地区农民子女对当地教育的看法。当地居民可能错误地认为，"为落后而哭泣"可以带来经济支持，"同情思维"可以获得更多高质量的教育支持资源。然而，在实践中，这些短期的"自救"行动在资源方面往往也是短期的。例如，短期的教育支持带来的教育效益并不理想，接受帮助地区的青少年只有"乐趣"心态。因此，当这种无效的援助反复出现时，偏远地区的教育往往会受到一定的影响。

为了解决这一问题，应在偏远地区进行转变观念和态度的教育，落后的观念应得到进一步纠正，鼓励偏远地区的农民积极适应当地政策带来的变化，并努力改善偏远地区教育滞后的现状，最大限度地利用校际对口支援缩小教育差距，实现区域教育公平。同时，优质的教育帮扶学校也需要调整思维模式，制订出适合帮扶对象的工作方案，把帮扶工作落到实处，真正为当地群众带来实质性的教育支持。

3. 激活农村偏远地区有限的教育资源

从一定程度上来说，农村偏远地区教育发展的重点是分配教育资源，包括教师、设施、设备、校舍和书籍等。在配置方面，农村偏远地区在财政体制下的教育资源配置和部分基础设施建设逐步达到了标准，但资源闲置现象仍然严重。因此，如何激活有限的闲置资源已成为偏远地区义务教育的主要问题。解决这一问题主要可以从三个方面着手：激活农村偏远地区教师的教学潜能，激活影响学校质量和条件的资源，激活中小学的组织和领导资源。

这三个因素相互关联、相互影响，形成一种正向反馈和负向反馈相结合的调节模式。农村偏远地区的义务教育需要在优秀的学校领导、教育部成员的指导下，通过为中小学的引导体系制定合理的绩效或委托管理方式，建立真正有利于调动教师潜力的工作机制，从而形成优秀的教师队伍，为提高学校的办学质量做出努力，最终实现教育资源的有效激活和优化配置。

4. 实现资源共享和长期援助

为了保持义务教育的长期可持续发展，需要完善监督机制和配套措施，确保各级义务教育的资源共享。资源共享不仅是资源的校际流动，也是资源互动过程中的交流和经验学习。只有在这种情况下，才能提高农村偏远地区的教师素质，从而促进教育资源的合理利用。在资源共享过程中，最重要的帮助模式是固定帮助，即确定点对点帮助的长期帮扶对象。由于短期帮助所带来的陌生感会耗费一些时间，因此将教师与润色课程联系起来也需要花费大量的时间，这在时间成本方面显得效率极为低下。同时需要考虑帮扶双方教师的年龄、学历、素质和水平的差异。另外，要真正认识到师资的差异性，就必须建立科学合理的师资配置体制，形成区域义务教育师资共享模式，发展区域教师聘任制度、流动制度、轮岗制度、争议仲裁制度以及一系列保障制度，促使各地区乡村学校的教学水平趋于均衡。

此外，本书强调的资源共享还包括一定区域内学校教师的双向交流，使场域内教师的调动成为常态化和制度化，吸引更多的相关人员关注教育和投资于教育，从而使整个教育生态系统具有足够的驱动力，呈现出良好的整体发展趋势。农村偏远地区义务教育还有很长的路需要走，这直接影响到中国能否通过教育巩固和拓展脱贫攻坚的成果。在农村偏远地区开展对口支援工作，理想的状态是创新"辐射施教"的教育环境和教育发展模式。针对当前暴露出来的问题，结合教育支持政策的深入实施和具体要求，提出自己的解决方案。我们相信，在科学方法的指导下，我国一定会在教育援助工作中找到自己的道路，最终以自己的力量打赢教育支持之战。

参考文献

[1] 奥肯.平等与效率：重大的抉择［M］.2版.王奔洲,译.北京：华夏出版社,1999.

[2] 陈庆云.公共政策分析［M］.2版.北京：北京大学出版社,2011.

[3] 奥斯本,盖布勒.改革政府：企业家精神如何改革着公营部门［M］.上海市政协编译组,东方编译所,译.上海：上海译文出版社,1996.

[4] 弗里德曼.资本主义与自由［M］.张瑞玉,译.北京：商务印书馆,1986.

[5] 帕顿,沙维奇.政策分析和规划的初步方法［M］.孙兰芝,胡启生,译.北京：华夏出版社,2001.

[6] 阿罗.社会选择与个人价值［M］.陈志武,崔之元,译.成都：四川人民出版社,1987.

[7] 孔多塞.人类精神进步史表纲要［M］.何兆武,何冰,译.北京：北京大学出版社,2013.

[8] 克朗.系统分析和政策科学［M］.陈东威,译.北京：商务印书馆,1985.

[9] 奥尔森.集体行动的逻辑［M］.陈郁,郭宇峰,李崇新,译.上海：格致出版社,2014.

[10] 韦伯.经济与社会（上卷）［M］.林荣远,译.北京：商务印书馆,1997.

[11] 王奇,冯晖.高等教育绩效评估研究［M］.北京：高等教育出版社,2012.

[12] 魏权龄.数据包络分析［M］.北京：科学出版社,2004.

[13] 约翰斯通.高等教育财政：问题与出路［M］.沈红,李红桃,译.北京：人民教育出版社,2004.

[14] 安德森.公共决策［M］.唐亮,译.北京：华夏出版社,1990.

[15] 布坎南,图洛克.同意的计算：立宪民主的逻辑基础［M］.陈光金,译.上海：上海人民出版社,2014.

[16] 包国宪，张弘. 基于 PV-GPG 理论框架的政府绩效损失研究：以鄂尔多斯"煤制油"项目为例[J]. 公共管理学报，2015，12（3）：117-125.

[17] 丛树海，周炜，于宁. 公共支出绩效评价指标体系的构建[J]. 财贸经济，2005（3）：37-41.

[18] 陈恩伦，陈亮. 教育信息化观照下的贫困地区教育精准扶贫模式探究[J]. 中国电化教育，2017（3）：58-62.

[19] 丁煌. 我国现阶段政策执行阻滞及其防治对策的制度分析[J]. 政治学研究，2002（1）：28-39.

[20] 范晓东，冯晓丽."特岗计划"政策执行的理想化目标与模糊性现实：以山西 X 县为例[J]. 山西师大学报（社会科学版），2014，41（4）：149-153.

[21] 范文曜，马陆亭，张伟. 国际高等教育日趋明显的评估对拨款的影响[J]. 中国高等教育，2003（8）：40-41.

[22] 高培勇. 公共财政：概念界说与演变脉络——兼论中国财政改革 30 年的基本轨迹[J]. 经济研究，2008，43（12）：4-16.

[23] 高培勇. 什么才是衡量税负水平高低的根本标准[J]. 财会研究，2012（5）：20-21.

[24] 黄丽华，王泽宽. 政策执行中的目标置换行为及对策分析[J]. 软科学，1999（1）：24-25.

[25] 贺东航，孔繁斌. 公共政策执行的中国经验[J]. 中国社会科学，2011（5）：61-79+220-221.

[26] 胡劲松，周丽华. 传统大学的现代改造：德国联邦政府高等教育改革政策评述[J]. 比较教育研究，2001（4）：6-12.

[27] 焦建国. 民主财政论：财政制度变迁分析[J]. 社会科学辑刊，2002（3）：77-83.

[28] 赖秀龙. 教育政策执行中的政策变通[J]. 教育发展研究，2009（20）：7-10.

[29] 李瑞昌. 中国公共政策实施中的"政策空传"现象研究[J]. 公共行政评论，2012，5（3）：59-85.

[30] 梁文政. 重庆市教育精准扶贫存在的问题及对策[J]. 重庆行政（公共论坛），2015（6）：23-25.

[31] 霍哲，张梦中. 公共部门业绩评估与改善[J]. 中国行政管理，2000（3）：36-40.

[32] 马骏.盐津县"群众参与预算":国家治理现代化的基层探索[J].公共行政评论,2014,7(5):5-34.

[33] 苗苏菲.高等教育实行收费制度与教育公平[J].高等教育研究,1996(1):23-27.

[34] 钱再见,金太军.公共政策执行主体与公共政策执行"中梗阻"现象[J].中国行政管理,2002(2):56-57.

[35] 尚虎平.政府绩效评估中"结果导向"的操作性偏误与矫治[J].政治学研究,2015(3):91-100.

[36] 宋芝业.波普尔与库恩的科学发展模式比较[J].理论学习,2005(8):62.

[37] 孙志军,金平.国际比较及启示:绩效拨款在高等教育中的实践[J].高等教育研究,2003(6):88-92.

[38] 汪永清.对完善政府内部监督体制的探讨[J].中国法学,1993(4):55-61.

[39] 王学军.政府绩效损失及其测度:公共价值管理范式下的理论框架[J].行政论坛,2017,24(4):88-93.

[40] 杨宏山.公共政策的价值目标与公正原则[J].中国行政管理,2004(8):87-90.

[41] 严吉菲.高校绩效拨款评估机制的比较研究:基于北美的视角[J].高教探索,2007(5):66-70.

[42] 周雪光.基层政府间的"共谋现象":一个政府行为的制度逻辑[J].社会学研究,2008(6):1-21.

[43] 郑方辉,陈佃慧.论第三方评价政府绩效的独立性[J].广东行政学院学报,2010,22(2):31-35.

[44] 郑方辉,廖逸儿.财政专项资金绩效评价的基本问题[J].中国行政管理,2015(6):46-52.

[45] 朱大旗,何遐祥.议会至上与行政主导:预算权力配置的理想与现实[J].中国人民大学学报,2009,23(4):128-135.

[46] 周黎安.中国地方官员的晋升锦标赛模式研究[J].经济研究,2007(7):36-50.

[47] 赵学群.关于财政支出绩效评价和管理制度的思考[J].现代经济探讨,2010(12):42-45.

［48］郑方辉，邓霖，林婧庭.补助性财政政策绩效目标为什么会走样？——基于广东三项省级财政专项资金绩效第三方评价［J］.公共管理学报，2016，13（3）：122-134.

［49］张民选.绩效指标体系为何盛行欧美澳［J］.高等教育研究，1996（3）：86-91.

［50］搜狐财经.李炜光：财政不是经济问题 是政治问题［EB/OL］.（2013-07-30）［2022-05-25］.https://business.sohu.com/20130730/n382936756.shtml.

［51］华尔街见闻.财政问题专家：当前对财政政策是否积极之论辩肤浅的令人震惊［EB/OL］.（2018-07-26）［2022-05-25］.https://www.163.com/dy/article/DNKNJG1205198NMR.html.

后 记

在乡村振兴的时代背景下，通过教育支持来巩固脱贫攻坚成果被认为是实现教育公平的根本需要。不仅要发展教育，帮助农村人口提高文化知识水平，还要完成农村偏远地区的司法和教育资源配置，保障教育公平。这不仅是加快经济建设的现实需要，也是促进社会发展的必然需求。2021年是中国政府脱贫攻坚的关键一年，而教育脱贫是脱贫工作的重要起点，也是我国脱贫攻坚工作的重要阵地。从本书的分析可以看出，现阶段教育支持不仅是我国国家战略的重点，也是学术研究的重点。许多学者对教育支持的政策、措施、效果、不足等问题进行了研究，并取得了一定的成果。

第一，发表的文章数量相当可观。从研究的时间分布来看，近年来中国教育支持研究逐渐增多，成为研究热点之一。可以预见，随着我国精准脱贫工作的深入推进，支持教育脱贫的研究文献将在未来几年继续呈现增长趋势。

第二，研究视角多元化。教育支持的研究不仅限于教育和社会方面，而是从经济学、社会学、教育学、人类学、地理学等多学科的角度进行了思考。这为搭建主体、内容和目标相结合的理想脱贫框架提供了基础性的支撑。

第三，研究课题丰富。从现有研究来看，支持教育脱贫的研究涵盖了学前教育、基础教育、高等教育、职业教育和特殊教育等领域。该项课题研究不仅包括教育脱贫的相关意义、价值等理论基础，还包括教育支持政策的实施效果等方面的实践经验。

当然，目前的这些研究成果仍然存在着不足之处，对这些不足之处的讨论又为我们今后的研究提供了方向。具体不足的地方主要体现在以下几个方面。

一是研究方向过分强调职业教育，低估了基础教育研究。从现有研究成果来看，与职业教育相比，义务教育支持研究较少，研究形式稀缺。初中和高中是人力资本积累的重要时期，但是很多学生还是选择了辍学。因此，学生辍学的原因以及当前教育支持成效等微观层面的话题仍需进一步探讨。

二是研究方法过分强调定性研究，轻视实证研究；过分强调描述，轻视实践。

目前的研究成果主要是以定性研究为主，多数成果都是采用理论推测或描述性的方法进行研究，缺乏科学实证研究。同时，具体案例研究较少。因此，未来的研究需要运用多种研究方法，注重定性研究与实证研究相结合。同时，积极引进大数据、云计算、人工智能等现代信息技术和方法，加强案例分析研究。

　　三是研究内容过分强调形式，低估了内生性研究。在现有的研究中，研究人员更多地将穷人作为客体，而不是作为主客体的统一体。研究侧重于政府、社会力量和大学的援助措施，而忽略了农村偏远地区人口的内生动力。因此，今后应加强对偏远地区农村人口内生动力和自我发展方面的研究。

　　四是从研究的角度来看，缺乏系统深入的国际比较研究。教育脱贫一直是国际组织和教育机构推动全球反贫困的重点，世界上许多国家都对此进行了积极的探索。从国际视角对比研究多国经验来看，进行国际比较研究有助于建立和完善基于国际成功经验的精准脱贫教育立场和实践框架，促进教育脱贫成果的有效巩固。因此，在后续的研究中，应拓宽研究视野，立足国际实践经验，在相互学习和融合方面进行深入的国际比较研究。

　　教育始终是消除文盲的有效途径之一。从教育属性的角度深入反思当前我国教育脱贫的现状，纠正与教育属性不相符的现象，通过教育提升农村偏远地区人口的能力和内生动力，从而实现消除文盲的目标，促进社会经济的发展。这是中国学者特别是教育学者讨论的一个重要领域。因此，在后续的研究中应更多地关注乡村振兴类型，支持教育脱贫，并在借鉴国际成功经验的基础上，综合运用多种研究方法开展多学科和多视角的探索性研究。